〔新版〕福沢諭吉

高橋昌郎

東信堂

福沢諭吉　河村清雄筆

はじめに（新版）

今回、『福沢諭吉』の新版を発行することになったので、その事情を説明しておきたい。

本書の旧版（昭和五三年発行・同五九年刊行）では、福沢と同じく明六社員である中村正直を福沢に対比して観察したが、新版ではさらに同じく明六社員である西村茂樹を加えることにした。

それは、公益社団法人・日本弘道会編『増補改訂・西村茂樹全集』（全一二巻）が、平成二五（二〇一三）年三月に発行を完了したことによる。これにより、西村の思想、明治政府に対する姿勢が明確になったからである。

また、平山洋『福澤諭吉』（ミネルヴァ書房）が平成二〇（二〇〇八）年五月に発行された。本書は従来の多くの福澤諭吉伝の誤謬を訂正した決定版ともいうべき『福澤諭吉伝』である。

さらに土屋博政『ユニテリアンと福澤諭吉』（慶応義塾大学出版会）が二〇〇四年一〇月に発行された。この書は表題のテーマについての詳細な叙述であり、本格的な日本におけるユニテリアンの研究である。

このような優れた著書の発行により、筆者（高橋）も旧版に訂正を加えたい、それと同時に、右の二書とは異なった見地から福沢を観察しようと思ったのである。

はじめに（旧版）

福沢諭吉に関する著作論文は、きわめて多い。それを、さらにこの一冊を加えようとするのであるから、既出の福沢諭吉伝には、あまり記されていない側面を、よく表現してみたいと思い、本書では、諭吉と宗教との関連を明らかにすることを第一の特色と心がけた。筆者はもともと、幕末以来の日本人が、外来の欧米文化に接して、どのように対応したかについて関心をもっており、とくにキリスト教に対する場合に関心が強い。この意味でも、本書では宗教論に重きをおくことにしたのである。

次に全体としては、右の宗教との関連を含めて文明・道徳論に注目した。諭吉は、本来、日本人を文明に進めるのが目的であった。彼が、そのめあてを立てることができたのは、ようやく日清戦争の勝利の結果、清国に対する日本人の卑屈心が払拭《ふっしょく》されたときであった。少なくとも諭吉は、そう考えたのである。諭吉は、明治八（一八七五）年刊行の『文明論之概略』において、はじめは、日本の目標は文明にあるとしながら、途中から、日本の独立を目的とするようになった。それが、日清戦争の勝利により、やっと初心にかえって、文明を目的とすることができる段階に達したと考えるに至った。そうして、さかんに、文明・道徳論を著述し国民に呼びかけるようになったのである。本書は、このような観点に立って、諭吉の文明・道徳論に注目している。

目次

福沢諭吉〔新版〕

序章

アジア激動の時代に

福沢諭吉は、天保五年一二月(一八三五年一月)に生まれ、明治三四(一九〇一)年に六六歳で死去した。彼が蘭書の勉強を理由として、その藩地である中津を脱出して長崎に赴いたのは、満一九歳のときの安政元(一八五四)年、日米和親条約の締結された年である。王政復古を三二歳で迎え、その翌年に塾舎を新銭座に建てて「慶応義塾」と定めた。『時事新報』を創刊したのが明治一五(一八八二)年で四七歳、日清戦争のおこったときは五九歳であった。明治三二(一八九九)年、六四歳のとき、『福翁自伝』を刊行したが、この年には、治外法権を撤廃するとともに、内地を開放する改正条約が実施されたのである。その翌年は、清国で列強帝国主義に抵抗する義和団の乱がおこり、これに対して、日本は、欧米列強に仲間入りして出兵した。

このような諭吉の生涯を、当時の国際政治のなかで考えてみたい。一八七〇年代ないし八〇年代以降の時期は、普通「帝国主義の時代」と呼ばれる。ヨーロッパ帝国主義の膨張は、一八七〇年代から一九〇〇年に至る間においては、主としてアフリカおよびポリネシアに向けられていたが、二〇世紀にはいるとともにアジアとくに中国に向けられるようになった。アジアの諸民族が、強制的に資本主義世界にひき込まれ、欧米列強の侵略と収奪にさらされた時期に、それら諸民族は、一八五〇年代から七〇年代にかけて、列強の圧力に対して、抵抗し戦いを始めた。中国における太平天国の乱、インドにおけるセポイ（インド人傭兵）の反乱などがその代表的な例である。これらは孤立分散していたが、一八八〇年代後半以降は、それら民族運動の指導者間の交流が活発になってゆく。

こうみてくると、諭吉の生涯は、帝国主義時代の開幕の前後にまたがっており、その波をまともにうけたアジアの激動の時代であったといえる。

二大潮流の標本

このような国際情勢のなかで活動した諭吉であるが、次にその果たした時代的役割を理解するためにほぼ同時代に生活し、諭吉より一〇年ほど先に世を去った中村正直（敬宇）と対比して考えてみたい。

中村正直は、諭吉のほか、森有礼・西村茂樹・加藤弘之・西周・津田真道らとともに、明治初期の啓蒙思想家の集団である明六社の一員である。しかし、その本質は諭吉と対照的で、理想主義的であり、世事にうとい人物であった。幕末においては、幕府の学問所である昌平黌《こう》の教授で第一等の儒学者でありながら、ひそかに洋学を修め、大政奉還のときは、幕府の遺英留学生取締として、ロンドンに滞在していた。生年は天保三（一八三二）年で、年齢は諭吉に長ずること、わずかに二年、ほぼ同年齢である。

儒学の大家であり、宗教を尊重し、キリスト教の洗礼をうけている。新旧思想、東西両洋の思想の調和を試み、また絶対の平和を望んだ。

このように、諭吉と正直とを対比させるのは、筆者の独創ではない。北村透谷をはじめとして、W・E・グリフィスや吉野作造、第二次大戦後になっても、徳富蘇峰らが両者を対比して論じている。

まず北村透谷は、「明治文学管見」のなかの「変遷の時代」において次のように論じている。透谷は、明治初期の思想を混沌なりとし、「而して此混沌の中にありて、外には格別の異状を奏せざるも、内には明らかに二箇の大潮流が逆巻《さかま》き上りて、一は東より、一は西より、必ず或処《あるところ》にて衝当《つきあた》るべき方向を指して進行しつゝあるを見るなり」という。そして、その二大潮流とは、東洋思想と西洋思想であるとし、「福沢翁と敬宇先生とは新旧二大潮流の尤《もっと》も視易《みやす》き標本なり」としている。

すなわち、福沢をもって「旧世界に生れながら、徹頭徹尾、旧世界を抛《な》げたる人なり。彼は新世界に於て拡大《(ママ)》なる領地を有すると雖《いえど》もその指の一本すらも旧世界の中に置かざりしなり。彼は平穏なる大改革家なり、然れども彼の改革は寧ろ外部の改革にして、国民の理想を嚮導《きょうどう》したるものにあらず」といい、「此時に当って福沢氏と相対して、一方の思想界を占領したるものを、敬宇先生」とする。

これは、明治の開化期において、世人がこぞって物質文明の輸入に狂奔するその特有の浅薄さを鋭く衝《つ》いたものであった。福沢をもって、「文人としての彼は孳々《じじ》として物質的知識の進達を助けたり、彼は泰西の文物に心酔したるものにはあらずとするも、泰西の外観的文明を確かに伝達すべきものと信じたりしと覚ゆ」となし、その福沢の対立者として中村正直を高く評価している。

しかも、徳川時代の平民的思想から自由民権思想へと連なる脈絡のなかに、東西両思想の統一と融合の可能性を模索しようとした透谷は、彼のいう「狭い意味」であったにせよ、東西文明の調和を体現したかにみえる正直の存在に注目したのである（参照、前田愛「中村敬宇―儒学とキリスト教の一接点―」）。

中村正直について、透谷は、さらに続けて、次のように論評している。

「敬宇先生は改革家にあらず、適用家なり、静和なる保守家にして然《しか》も泰西の文物を注入するに力を効《いた》せし人なり。彼の中には東西の文明が狭き意味に於て相調和しつゝあるなり。彼は儒教道徳を其の末路に救ひたると共に、一方に於ては泰西の化育を適用したり。彼はその儒教的支那思想を以てスマイルスの自助論を崇敬したり。彼に於ては正直なる採択あり、熱心なる事業はなし、温和なる崇敬はあり、執着なる崇拝はなし。彼をして明治の革命の迷児とならしめざるものは、此適用、此採択、此崇敬あればなり。多数の漢学思想を主意とする学者の中に挺立《ていりつ》して、能く革命の気運に馴致し、明治の思想の建設に与《あづか》って大功ありしものは、実に斯《かか》る特性あればなり。改革家として敬宇先生は無論偉大なる人物にあらざるも、保守家としての敬宇先生は、少くも思想界の一偉人なり。旧世界と新世界とは、彼の中にありて、稀有なる調和を保つことを得たり」と。

ついで、W・E・グリフィスが、一九一五年、『ミカド－インスティテューション－アンド－パーソン』（亀井俊介訳『ミカド―日本の内なる力《ちから》―』、一九七二年）のなかで、次のように記している。

「日本の政党の真の生みの親は、中村と福沢であった。この二人とも、私はよく知っていた。すでに封建時代に、二人は体でだけでなく心までも、西洋諸国を訪問していた。中村の教えは倫理的で、社会的には保守主義であった。後者の教えは経済を主として、物質主義的であった」（亀井訳、二一九頁）。

さらに第二次世界大戦の敗戦後のものに、徳富蘇峰の論評がある。蘇峰は、その著『三代人物史』において、中村正直について六篇にわたって論じている。この書は、昭和二九（一九五四）年三月七日から三一（一九五六）年六月一〇日までの間、読売新聞に一〇一回にわたり連載され、昭和四六（一九七一）年に単行本となったものである。このなかに「中村先生と福沢先生」「隣交に関する中村、福沢二翁の意見」の二篇がある。若き日の蘇峰は、福沢に傾倒していたのであるが、今度の敗戦後には、中村正直に対する蘇峰の評価は大幅に上昇している。

蘇峰の「中村先生と福沢先生」では、諭吉を荻生徂徠に比し、正直を伊藤仁斎に比しているが、諭吉の一世を風靡《ふうび》した力は徂徠以上に出たが、正直の力はおそらくは仁斎ほどではなかったろうと、推察している。諭吉を奮闘者としてとらえ、その半生の事業は破壊的であり、正直をもって諭吉に比すれば、あたかも岐阜提灯をもって、ランプ（今日では電燈）に対するの趣きがあるといっている。「素直に云へば、中村先生の議論は余りに世間とかけ離れて、聊か《いささ》人間離れのしたる感ありと云はねばならぬ。併し先生は決して迂儒《うじゅ》ではなかった。周辺の情勢に全く無関心ではなかった。彼はよく、彼を取り囲む周囲の情勢を知っていたが、只《た》だ自ら信ずる所を云ひ、自から信ずる所を行って、泰然、悠然、欣々然として自ら楽地をつくり、其の楽地にて、心身一如の生活を遂げた」と。

次に、「隣交に関する中村・福沢二翁の意見」においては、次のように論じている。

「斯《か》くの如く、（福沢は）シナに就《つい》ては箸《はし》にも棒にもかからぬ判断を下して為《い》る。乃《すなわ》ち中村先生はシナの長処を見、福沢翁はシナの短所を見る。何れも銘々の意見にして、両者各々其の所信あるも、我等は爾後《じご》の成行に就て、中村先生の少数意見に、尤《もっと》も敬意を表するものである。」「要するに日本の民権論は決して民権論では無く、一皮剥《む》けば国権論である。即ち福沢翁の如きも内に民権を拡張するは、外に向って国権を振《ふる》わんが為めなりと云ふの意見を以て、人心を指導し来った。若し日本人がシナの何物なるを解し、此れに対して隣交の宜しきを得たらんには、世界の大局に於て、日本の立場を現在とは大いに趣きを異にしたかも知れぬ。」「我等は中村先生がこの点に於て大なる先見の明あったことを特筆して、聊か先生に対して脱帽せんとする者である。先生がシナに対する意見は極めて慇懃《いんぎん》懇切《こんせつ》を極めている」。

これが、今次敗戦後の蘇峰の見解である。

この中村と福沢との見解の相異はどこからくるのであろうか。中村は幼時から儒学に親しんだ一流の儒学者で、中国文化の本質を、よく知っていたからである。これに対して、福沢は洋学者として出世したために、「近代科学を信じ」る態度でもって、中国を観察したことによるといってよいであろう。

Ⅰ　中津藩士として

1　「日用の学」

諭吉誕生と父の死

福沢諭吉は、天保五年甲午《こうご》一二月一二日（一八三五年一月一〇日）大坂堂島の豊前国中津藩蔵屋敷内で、福沢百助の第五子として生まれた。諭吉は末子である。しかし、天保七（一八三六）年、父百助の死によって、生後一八か月にして中津に帰ることになった。翌天保八（一八三七）年二月は、大塩平八郎が乱をおこした年であるが、諭吉はこのような情勢のうちに、少年期を中津で過していたのである。

諭吉が生まれたとき、父百助は四二歳、中津藩士で中小姓格、一三石二人扶持《ぶち》、廻米方《かいまいかた》として大坂に在勤していた。足軽より数等よいけれど、武士としては低い階級で、いわば下級公務員であった。当時、大名たちは、その領地でとれた米その他の物産を大坂へ送ってこれを売り、藩財政をまかなっていた。それだけでなく、大坂商人からの借金も藩財政にあてるようになっていたのである。その事務を処理するために大坂に蔵屋敷がおかれていたのであり、百助は、そこで、大坂の金持、加島屋・鴻ノ池というような大商人と交際して藩債のことを担当する役にあった。百助はこういうことが不満でたまらなかったという。金銭なんぞ取り扱うより読書一偏の学者になっていたいという考えであったという。諭吉の封建社会に対する不満は、父親ゆずりともいえよう。

諭吉が明治九（一八七六）年七月に記した「福沢諭吉子女之伝」（全集別巻）によると、福沢家が、初めて中津侯奥平家に仕えたのは、曽祖父友米のときで明和年間のことであった。足軽となり、江戸への参勤交代のお供などで往復をすること一一度、その後小役人となって大坂に勤番し、生涯公務にあった。その後嗣《あとつぎ》の兵左衛門は、中村姓で友米の一女に迎えた養子であった。兵左衛門は活発で山奉行などを勤めた。この人に三男三女があり、その長男が百助である。「勤直にして才力あり。好て書を読む」と諭吉は記しているが、下級の会計吏であったけれど、優れた漢学者であった。伊藤東涯の学流を汲《く》み詩文を好くし、その蔵書はかなりの数にのぼった。その親友に江州水口藩に仕えた漢学者中村栗園がいる。諭吉の兄や姉は全く儒教主義でそだてられた。諭吉が生まれた日は、百助が多年望んでいた「上論條例」六四冊が入手できた日であった。この本は、清朝乾隆帝治世の詔令集(『福翁自伝』に「明律の上論條例」とあるのは誤記)で、わが国内では貴重なものであった。諭吉の名は、この書物にちなんでつけられたのである。

百助は大坂に在勤すること一五年、天保七(一八三六)年六月一八日、急死した。「病症、脚気中の頓死なりと云ふ。詳ならず」と諭吉は記している。享年四四。百助の妻、すなわち諭吉の母は

福沢家家系図

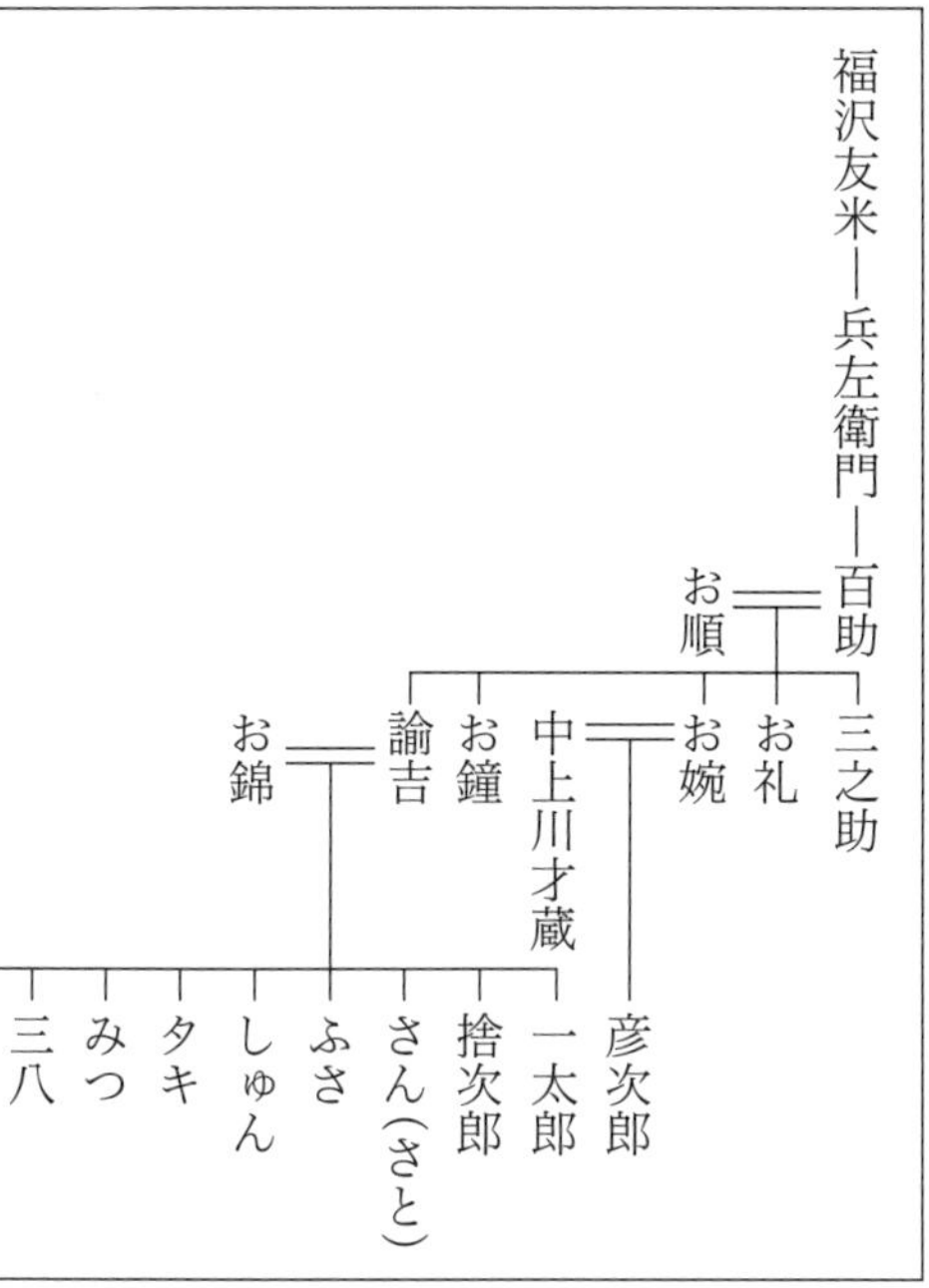

同じ藩の橋本氏の女《むすめ》で、お順といった。

福沢母子は中津に帰り、兄三之助は一〇歳で家督を相続して、中津藩における生活が始まった。ここには、従兄弟が父方母方を合わせると何十人とおり、また、近所の子供も沢山いた。しかし、大坂でそだった一家は言葉遣いや髪かたち、着物の着つけなど生活様式が中津の風俗とちがい、周囲にとけ込むことができなかった。兄弟姉妹は自然と内に引っ込んで自分たちだけで遊ぶようになった。そして一母五子、他人をまじえず世間との交際は少なく、明けても暮れても、ただ母の話を聞くばかりで、脳裏には父は生き続けていた。諭吉が、少年のときから家にいて、よくしゃべり、飛び廻りはね廻りして至極《しごく》活発でありながら、木登りが不得手で水泳も全然できないというのも、同藩中の子弟と打ち解けて遊べず孤立していたせいであろうという。家風は至極正しかった。俗士族は祭のときに芝居が興行されると布令を犯して見に行ったものだが、福沢の家人だけは行くこともしなければ噂にもしなかったという。

漢学者の前座

母お順は、女乞食の虱《しらみ》をとってやるような慈善の心にあつく身分の上下に拘泥《こうでい》しなかった。寺には参詣するけれど仏像は礼拝しない。下女下男をおくこともできなかったので、母が一人で炊事をし五人の子供の世話をしなければならなかった。したがって教育の世話などは到底できるはずはなかった。諭吉はそれをいいことに手習いもしなければ本も読まなかった。しかし、さすがに一三、四歳になってみると、何もしないのが恥かしくなって田舎の塾へ行くようになったという。もっともこの点については、明治一五、六年のころに諭吉の書いた履歴書には、「五年ノ時ヨリ藩地ニテ漢書ヲ学ブ」とあるから、彼が自伝に記したことの方に誇張があるのかも知れない。いずれにしても塾で習い始めると上達は目ざましかった。塾はいく度か変えたが、もっとも多く漢書を習ったのは、白石照山という先生であった。『論語』、『孟子』、『詩経』、『書経』、『蒙求』、『世説《せせつ》』、『左伝』、『戦国策』、『老子』、『荘子』、さらに歴史書では、『史記』、『漢書』、『後漢書』、『晋書』、『五代史』、『元明史略』などを読んだ。なかでも『左伝』が得意で、たいがいの書生は『左伝』一五巻のうち三、四巻でやめてしまうのを、諭吉は通読一一回におよび、面白いところは暗記していた。こうして、一通りこなして漢学者の前座くらいになっていたという。『左伝』は、叙述が非常に簡潔で、歴史上の人物の行為に対する道徳的批判のきびしいものであった。

しかし、明治一一（一八七八）年に記した「詩集」（全集第二〇巻）の冒頭の文によれば、諭吉の漢学の実力は、あまり高度のものではなかったらしい。

「福沢諭吉は幼ニシテ父ヲ喪ヒ、教育甚ダ不行届、幼少ノトキいろはヲ学ビ、其他ニ手習シタルコトナシ。年一三、四歳、自カラ起テ漢書ヲ読ミ酷《はなは》ダ勉ム。サレドモ家貧ニシテ習字等ノ暇モナク、性質コレヲ好マズ、又少年ノ時代ニ学友の気風モアリテ、専ラ経史議論ニ心ヲ用ヒ、詩作小品文ノ如キハ竊《ひそか》ニ蔑視シテ学ブ意モナシ。唯学塾定式ノ詩会等ニ僅《わずか》ニ、五七ノ字ヲ並ベテ責ヲ防ギ、毫《わずか》モ其巧拙ヲ争ノ意モアラズ。之ヲ要スルニ青年学生ノ極テ殺風景ナルモノナリキ。経史ノ学ハ初中津藩士服部五郎兵衛先生ニ四書ノ素読ヲ受ケ、年一四五ノ時ニテ他ニ比スレバ甚ダ後レタリ。中ゴロ野本真城先生、後ニ白石照山先生ニ従学シ、前後六、七年ニシテ、二〇歳ノトキ長崎ニ行テ蘭書ヲ読ミ、是ヨリ全ク漢学ヲ廃シテ四四歳ニ至ルマデ二五年間、著作ノ引用等要用ニ非ザレバ漢書ヲ目ニ触レタルコトモナシ」（全集第二〇巻）。

帆足万里の実学

これでは、漢学者の前座も覚つかなかったであろう。諭吉は、のち二度の大坂遊学のときにも、白石照山の世話になった。維新後も、彼はこの照山先生に敬意を払い、彼の著作を贈っている。照山は、帆足万里の学統であり、漢学とともに、鉄砲と算盤を重んじたというが、この照山が万里の学統であったことは、諭吉の父百助が万里に師事したこととともに万里と諭吉をつなぐ意味で重要である。また中津藩の学問の状況としても注目する必要がある。万里の孫の恒雄は、中津において医を業としていたし、その恒雄の子の、九万三という人も、やはり中津で医師であったように、帆足家と中津とは関係が深い。次に、帆足図南次氏の著述によって、万里について考えてみたい。

万里は、嘉永五(一八五二)年に死んでいるが、生まれは、豊後国速見郡日出《ひじ》であり、日出藩の藩学教授を勤め、また家老を勤めたこともある。万里は、素朴な形ではあるが、三浦梅園の影響をうけている。この梅園は万里と同じ、豊後国の国東《くにさき》、安岐川上流の富永村の出身である。万里は、梅園の思想を継承、発展させたというふうにみられている。

三浦梅園は、彼の学問の第一の目的として、自

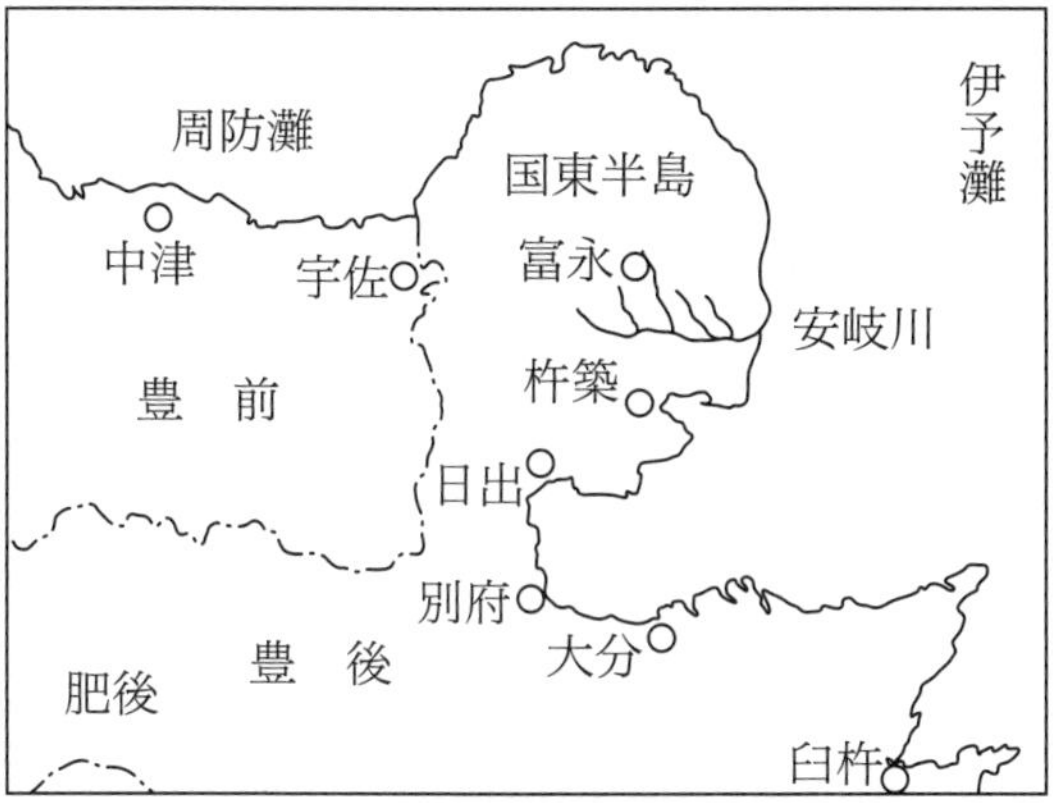

中津周辺

然に重きをおかないという儒学の古くから伝わってきたしきたりを打破して、初めて、自然を理解しようとした。そのために、自然に対する人間の関係をとらえるもっとも確実な手段に、条理という考え方を導入した。そして、自然を自分の眼で見きわめ、合理的にとらえようとした。

梅園は、天地万物は、一つの大いなる気の無限の変化によって、生成発展の姿をとり、そのなかに条理があるとみている。そして、その条理を、自然認識のもっとも確実な法則として選んだのである。梅園以前は、自然を疑うことは、蔑視ないし軽視されていて、自然および社会のあらゆる事象は疑われたことがなかった。彼は、鋭い合理的知性をもち、「何故に」と自己に問いかけて、現象形態から事物の本質を飽《あ》くまで突き止め、常識化した既成概念を打破しようとした。その意味で、梅園において、初めて、わが日本は、合理的に物を考え、従来のあらゆる儒学的権威と伝統から解放された認識を求めてやまなかった、強靭《きょうじん》無比の思想家を生み出したといえるであろう。「古人の妄《ぼう》を排して自ら古を為し、(中略)常に疑を発して基本を究めんとし」(『福翁百話』)といった福沢の言葉は、梅園のためにいわれたかのようである。

諭吉は、その自伝のなかで、万里の実学が中津藩に流行していて、兄の三之助は、その実学の影響によって高等数学に通じていたこと、その兄が中津藩の門閥制度の重圧のもとで憤慨していた諭吉のために、長崎に遊学する機会をつくってくれ、さらに、大坂で蘭学を学ぶように配慮してくれたことを記している。

この中津藩士の間に、部分的ではあっても、万里の影響があって数学が重んじられ、それが諭吉の思考の実証的傾向をいく分なりとも助ける方に働いたであろうと小泉信三は推察しているが、帆足図南次氏は、諭吉が求めてやまなかった実学は、万里に『窮理通』を書かせた実証的な科学思想に通ずるものがあったと、いっている。

合理主義的精神の軌跡

万里は、はじめ翻訳書によって蘭学の知識を学んでいたが、やがてオランダ語学習の必要を痛感した。そして、四〇歳をすぎてから、オランダ語の独習を始め、文政六、七年、四六、七歳のときには、相当の読解力をもつに至っていたようである。彼の門弟には、シーボルトについたものも、蘭学者についたものもいたが、万里は、当時の蘭学の諸流派とは交渉がなかった。豊後には、一人の洋学者もいなかったし、またそこでは洋書も入手困難であった。万里のオランダ語の読み方は、発音より訳解を重視していた。彼の門下には医家志望の者が多かった。シーボルトが文政六(一八二三)年に来日してから六か年の間、万里門下でシーボルトに学んだものに、賀来佐一郎・日野鼎哉《ていさい》・佐野鶴渓《かくけい》・宇都宮逵山《きざん》らがいる。万里は長崎を訪ねることはなかったが、その眼は、つねに長崎に向いていた。そして、彼の門下で長崎にある者は、その師万里のためにオランダ書を探し出した。万里はそれによって、長崎に行かなくても蘭書を読むことができたのである。

万里が四〇歳のころ入手して、主に『窮理通』の資料とした原書は、一三部ある。この一三という書数は、幕府の藩書調所が、万里の死後四年を経過した安政三（一八五六）年に開設され、そのとき備えつけられた蘭書が一六冊であったことを考えるとき、いかに貴重なものであったかが知られるであろう。

この『窮理通』八巻は、天保七（一八三六）年、一応完成されたが、その後、天保一二（一八四一）年に至っても、なお、執筆が続けられていたもので、万里にとっては、未定稿というべきものであったという。彼の学問受容の態度における「採長補短」とか「厚生利用」とかの支配的な観念は、ついに止揚されなかったものの、一方、経験・数学的方法を重視する精神の強靭さと、「足らざる所」の自覚の熾烈《せんれつ》さとがなくては、『窮理通』は到底成立し得なかったであろうと思われる。

この『窮理通』の序文は、日本の科学史的文献のなかで最初の「科学の批判」ないし「科学の哲学」であって、科学の性格を解明したものであった。とくに、科学が自然の変化および発展の過程を取り扱うものであり、新しい発見へと絶えず前進してゆくものであることを、これほどはっきりと表明していることは、他には見出せない特徴であるという。万里は、実験や観察や類推のうえに立って、ものを考えたのであり、封建的秩序の障壁のなかにありながら、合理主義的精神の種子を蒔き、そだて、これを、日本の近代思想の発展のために遺《のこ》し伝えたのである。その意味で、日本の科学思想史上に卓絶した位置を占めている。万里を通して発展した合理主義的精神の軌跡は、福沢諭吉に達して、彼の『西洋事情』『学問のすゝめ』『文明論之概略』などを貫く新しい資本主義前期の啓蒙思想の普及となって進展していった。

万里は、「文辞の学」に対しての「日用の学」という意味での実学を尊重した。福沢のいう「人間普通日用に近き実学」である。万里は武士が算術を学ぶ必要を説き、書も数も同じことで算術を知らない人は無筆と同じで行き届かないことばかりであるという。また算術を知らない役人は、つねに小役人に欺かれてしまうといって卑近な意味の数学の効用を説いている。「文辞の学」のみを重んじた時勢にあって、「日用の学」をそれと同列にならべたことは、彼が学問の生きた現実的意義を大胆にとらえていた何よりの証拠であった。彼のいう「日用の学」すなわち実学には、数学・経済・医学、それに窮理学が幅広く包含されていた。

万里は、数学の卑近な日用性を理解していたばかりでなく、窮理学においても実際に和算で計算を試み、その必要性を痛感していた。それで数学の研究につとめ、日出《ひじ》で、藤田貞資《さだすけ》という数学者について三年間学んでいるし、また二宮兼善《かねよし》には心服していた。

万里は、多くの著書を通して、個性ゆたかな学問の扉を開いたが、その門下からは人材が輩出した。彼の下には、そのお膝下《ひざもと》の豊前、豊後はもとより、筑前・筑後・備前・備後・長門・伊予・阿波・讃岐・和泉・若狭・越後の各地から、前後数百人が集まった。彼は、その門下の各人につき、長所を重んじ、まずその材の適する所を発見して、それにもとづいて教育するという方法をとっている。したがって、その門下には、詩文・経術・蘭学・窮理学・医学などの各方面に、それぞれ練達した者が現れた。

万里においては、学問は道のための学問であり、学問すなわち聖人の道にほかならなかった。しかし、学問をするには、その辞に通じなければ、正確にその意味を解釈できない。そこで作文を重んじ、その文は古文を貴んだのである。

万里は、学問の方法として、作文の法を実地に即して奨励した。そうして、漢文で記されている経史を和訳することも意図していた。それは多くの人に理解しやすいように、勉学の便をはかろうとするためのものであった。彼は、当時にあって、教化が明らかでなく、人材が輩出しない原因も、典籍を読みこなすのに苦労しているからで、それを日本語に翻訳して普及させるにこしたことはないといっている。この点も、福沢が、平易な文章で、広く人々に読ませようと努力したのと共通している。

帆足万里の影響と貧乏士族

帆足図南次氏は、皇室観においても、福沢のそれは、弘化期の万里の考え方に一致しており、両者の論旨に共通した思想的基盤には、前者から後者に受け継がれた合理主義的精神があったといっている。万里は、皇室が軍事を離れ、権力を行使せずに文教に専念する、それによって、初めて、その地位を永久に安泰にすることができるとしていた。「天下を治むるは文武の二事あるのみ、王室已《すで》に武備を以て幕府に委ね給へば、文教を以て自らの任とし給ふべきことなり」(『東潜夫論』)と万里は主張した。これは、明治一五(一八八二)年福沢が、皇室は政治社会外のものであって、政治社会の塵埃《じんあい》中におちいって、その無上の尊厳を害してはならないとい い、「帝室は独り万年の春にして、人民これを仰げば悠然として和気を催す可し。(中略)何れも皆政治社会外に在る在らざれば行はる可らざる事なり」(全集第五巻)としている。もっとも、福沢には、さらにイギリスにおける王室像があったのであるが。

しかし、福沢は、万里の宗教観については賛成できず、次のように記している。

「或云《あるひといふ》。世の宗門の趣意を一筋に死後の冥福を祈ることゝ思ふは大なる心得違なり。世界中宗旨の数甚《はなはだ》夥多し。其説千緒万端なれども、概して之を云へば、現在未来に拘はらず唯安心の地を求るなり。仏氏の善言功徳を以て未来の冥福を祈り、孔孟氏の仁義五常を以て現在の身の行を守るも、皆安心の地を定るにて、仏も宗旨なり、儒も宗旨なり。儒者が仏法を異端と云へば、坊主は儒教を外道と云ひ、何れも宗旨争にて取るに足らず。豊後の帆足万里と云ふ儒者が、儒は正なり仏は権なりと云へることあり。儒者の内にては餘程通人らしき論なれども、矢張自分勝手と云ふものにて面白からず」（全集第二〇巻、『或云随筆』）。

諭吉の兄三之助は、忠孝の信念があつい謹厳な人格者であったが、諭吉も、忠孝の価値を否定する少年ではなかった。門閥制度に対して諭吉は不平不満をもっていたというけれど、外面上は、封建秩序にそむく少年ではなかった。その不平不満は、大坂の生活にすっかりなじんでいた母をはじめとする福沢一家が、中津に帰ったために生じた周囲への違和感と、それに上方文化を身につけた優越的自意識と周囲への蔑視から生じたものであった。この不平不満自体は、身分制への批判を生み出すものではなく、また民衆の苦悩を理解できる方向にあるのでもなかった。それは同輩さえも嘲笑して、みずからの力にひそかにたのむという自負心をもちながらも、現体制の枠内での自力による立身出世への願望が、中津では見通しのもてないほどの強固な門閥制度に支配されていることに対する、あきらめと怨念であったと考えることができようと、ひろた・まさき氏はいう。

また、諭吉は学問以外では、手先が器用で、物の工夫をするようなことが得意であった。それに貧乏士族であったから、自分でいろいろと工夫して身辺の修繕を行ったが、畳の表替えや桶の箍《たが》を入れること、さらには屋根の修繕までしている。ついにはそれが進んで本当の内職まで始めた。近所の家の細工部屋で手内職を習い家計を助けたが、これにより金銀銅鉄の性質を知ったことがその科学的精神の芽生えとなったという。

貧乏士族といえば、諭吉が早くから丸腰になったことも、着流しになったことも、下士の風俗から由来するのではなかろうか。下士は、普通召使いをやとわず、夜は頬《ほう》かむりをして、双刀または一刀を帯びて買い物に出かける。昼間でも袴をつけないことがあり、ときには帯刀せず丸腰で近所へ出かけることもあったからである。

2　蘭学修業

長崎遊学

諭吉は、中津で生活しているのが不平でたまらなかったという。そういうときに、兄の三之助が、諭吉に砲術を調べるために蘭学を修めるように勧めたので、諭吉は喜んで長崎に遊学することになった。安政元（一八五四）年二月、一九歳のときである。ペリーが浦賀に再来したのが、この一月であり、この事件に触発されて、中津藩が大砲鋳造や洋式砲術に熱をあげたことが、諭吉の中津脱出の契機となったのである。

中津では、すでに記したように、帆足万里の影響があったが、さらに、前藩主奥平昌高が蘭学に熱心であり、前野良沢らの蘭学者がこの中津から出ていたのである。蘭学修業の気運は、すでにつくられていた。

諭吉は、長崎では中津藩家老の子息奥平壹岐《いき》を頼り、その世話によって、砲術家山本物次郎の家の食客となり、あらん限りの仕事をした。それですっかり山本家に気に入られて、養子になってくれといわれたほどであった。このように生活の面では、諭吉はほとんど藩の世話にならなかった。

蘭学の学習では、薩摩の医学生松崎鼎浦《ていほ》に初めてオランダ語の読法を学び、さらに、オランダ通詞の家に行き、また蘭方医の玄関に行って、蘭学の稽古《けいこ》をしてもらうという有様で、このような不規則な方法で、ほとんど独学で学修したのである。

長崎の一年間でこのようにして獲得した独学と生活力への自信は、人間誰しも努力と才覚があれば他に頼らなくとも生きてゆけるという、あの「一身独立」のテーゼの生活体験におけるもっとも原型的なものを、彼に刻印したとみて差し支えないであろう。ある福沢研究者は、このようにみている。明治一一（一八七八）年の諭吉の言によれば、「二〇歳ノトキ長崎ニ行テ蘭書ヲ読ミ、是ヨリ全ク漢学ヲ廃止シテ四四歳ニ至ルマデ二五年間、著作ノ引用等要用ニ非ザレバ漢書ヲ目ニ触レタルコトモナシ」（全集第二〇巻）というような転機をなしている。

適塾入門と兄の死

安政二（一八五五）年二月、諭吉が長崎に行ってから一年後、蘭学の修業が進むにつれて、奥平壹岐の嫉《ねた》みをうけ、長崎にいられなくなったという。家老の子息から嫌われては、たとえ蘭学を修業しても、藩内での出世は望みがない。そこで諭吉は、蘭学をもっと深めるために、江戸に行くことにしたが、途中、大坂の中津藩蔵屋敷に勤務する兄の三之助を訪ねて事情を打ち明けた結果、大坂で蘭学修業することになり、三月九日、緒方洪庵の適塾に入門した。ここに初めて、本格的に蘭学を学ぶ機会が到来したのである。

緒方洪庵は、備中国足守《あしもり》の藩士の子であったが、はじめ医学を大坂蘭学の中環《たまき》（天游）についで学び、ついで江戸に出て、当時の蘭医学の大家坪井信道の門にはいった。それから信道の世話で宇田川榛斎《しんさい》とその門人の箕作阮甫《みつくりげんぽ》の教えをうけた。さらに、長崎に遊学して二年間学んだ。それから天保九（一八三八）年、大坂で医者を開業するとともに、蘭学塾を開いた。ときに二八歳であった。

洪庵は、医師としても蘭学者としても、当時高名の人物であり、また非常に良心的な医師であった。彼は文久二（一八六二）年、幕府の奥医師に任命されて江戸に出たが、翌年六月に急死している。その塾に学んだ者は三〇〇〇人といわれ、門下からは多くの人材が輩出した。大戸郁蔵（緒方郁蔵）・村上代三郎・村田蔵六（大村益次郎）・武田斐三郎・佐野栄寿（常民）・菊地秋坪《しゅうへい》（箕作秋坪）・大鳥圭介・橋本左内・長与専斎・花房義質《よしもと》・高松凌雲《りょううん》・足立寛・池田謙斎らは、その代表的門人である。諭吉は、この洪庵の人柄と学問に敬服し、その教えをうけたことを、生涯の幸福としていた。約三年間のこの適塾の生活で、諭吉は学問の基本的な方法を体得した。ここで洋学によって身を立ててゆける見通しをもつことができ、また新しい人間関係を形成する契機をもつことができた。

諭吉が洪庵のもとに入門して一年後、腸チフスにかかり、危篤状態におちいったが、洪庵みずからの治療によりようやく治癒することができた。

諭吉は、この病後の保養と、兄三之助のリューマチの治療とを兼ねて、兄弟ともに郷里中津に帰った。諭吉は、三か月後に大坂に戻ったが、三之助が病死したために、またまた中津に帰ることとなった。帰ってみると、諭吉はすでに、福沢の家督を相続させられていた。彼は、幼少のときより、叔父の中村家の養子になっていたのであるが、その籍を抜かれて福沢の家督を継いだのである。一個の独立した中津奥平藩士となったわけである。そのために、喪に服しながら城内警護の勤番をしなければならなかった。それでも、ようやく母と談合のうえ、大坂に再遊することになり、藩庁に砲術修業の願書を提出して許可された。中津を出るときには、家財道具一切を売り払って家の借財を整理した。

蘭学ひとすじ

大坂に戻ってから、緒方洪庵に一切の事情を打ち明けて、塾の食客にしてもらった。こうして安政三(一八五六)年は暮れた。ここで諭吉は、安政五(一八五八)年一〇月まで学んでいる。実際には、前後合わせて三か年足らずであったが、彼は寝食を忘れてオランダ語を勉強した。そのころの適塾は、洪庵が子弟の教育に情熱を燃やしていたときであり、塾生も増加しており、その最盛期であったといえる。教材の原書は、医学書と物理学書とを合わせて一〇部たらずと諭吉は書いているが、今日その教材として使用された原書の残っているのをみると、いずれもよれよれになるほど、使ってあるという。みな真剣に勉強したあとがうかがわれる。

塾での勉強は、たいがい蘭学の一般教育であるが、とくに医学を志して入門したものは、不十分ながら医学の修業もできたようで、洪庵などに直接教えをうけている。またオランダ語を勉強する教材の内容からも、おのずから医学が学びとれたであろう。優れた書生は洪庵の代診として往診をしている。

諭吉の記すところによれば、物理学や化学に興味をもつ書生は、塾に備えつけてあるその方面の原書を読んでは、我流で実験をしたり、化合物を造るようなことをして、学問探求の心を満足させていたようである。黒田侯所蔵のワンダーベルト窮理書を一見し、塾中総掛りで書中の電気の一章を、三日三晩で写し取り、これによって最新のファラディーの学説に触れることができたという。諭吉が、このような環境にあって、蘭学一筋に勉強したことは、彼のその後の進路に大きな影響を与えた。

洪庵は、いつも「国のため、道のため」といっていた。道とは医学を意味している。洪庵は、ペリーが来航した翌年の嘉永七(一八五四)年には、「当今必要の西洋学者」を育成する覚悟をし、それを任務としていると記しているように、西洋かぶれの学者をそだてるというのではなかった。諭吉がうけた影響を重視する必要があろう。さらに、洪庵は、その晩年に、日本流の蘭学医学の行きづまりを、はっきり認めていたし、オランダ語による学問のとりいれに対しても、限界を認めていた。現に門人石井久吉(のち江戸医学所教授)の父宗謙に宛てた手紙に、これからは、英語を学ぶべきであると、久吉の英語学習を勧めている。これには諭吉などの影響もあることであろうが、確固たる見識である(緒方富雄著『緒方洪庵伝』)。

安政四(一八五七)年、諭吉は適塾の塾長になったが、そのころの塾生の数は八〇名ほどであった。その塾生たちの自発的学習と、学習における実力主義とによって、適塾の秩序は貫かれていたといえる。洪庵が直接教えるのは最上級生であって、七~八級に分けられたクラスは、会読を除いては、上級生が下級生を教えるというものであった。塾生は、地方の下級士族や豪農豪商の子弟であった。適塾は、これらの塾生を教えることで、幕府諸藩や大坂商人の庇護をうけて、それらのために、洋学修業の人材を養成するという性格をもっていた。

それと同時に、蘭学を手段として立身出世しようとする塾生たちの希望、さらに、大坂市中にあったことからくるのであるが、階級は異なりながらも町人世界の庶民的性格とも深く関連していた。このような活気のある適塾で、諭吉は、初めて「自由な仲間社会」の生活を経験した。ひろた・まさき氏は、『学問のすゝめ』における実力主義の主張は、このときの原体験にもとづくものとして、この点を重視している。

諭吉が、この適塾時代に関心を抱いていた最大のものは、洋式兵法であったらしく、『ペル築城書』の翻訳には力を注いでいた。この洋式兵法は、当時の幕末社会にあって緊要のものであり、これを学ぶことは、結果として立身出世につながるものであった。

英語との出会い

安政五(一八五八)年一〇月、二三歳のとき、藩命により江戸に出府することになった。これは、諭吉の蘭学修業の成果が藩から認められて、江戸の藩邸に蘭学塾を開くにつき、教師として諭吉が選ばれたわけである。江戸では、鉄砲洲の奥平藩中屋敷の長屋に住居を与えられた。

そこに開いた蘭学塾が慶応義塾の起源である。

翌安政六(一八五九)年、通商条約によって開港したばかりの横浜に見物に行った。外国人がそこに店を出しているので行ってみたが、話が少しも通じない。店の看板も読めなければ、ビンの貼紙もわからない。何を見ても諭吉の知っている文字はなかった。彼はこのときから英学へと転向することになった。もと長崎の通詞をしていた森山多吉郎が幕府の御用を勤めているので、そこに通ったけれど森山は多忙で教えをうける時間がない。そこで辞書を借りて独学をしようとしたが、藩書調所では辞書の貸し出しを許さなかったのでこれも断念することになった。ついに奥平藩に歎願《たんがん》して、ホルトロップという英蘭対訳発音付の辞書一部二冊を買ってもらい、その字引と首引きで英語の独学を始めたのである。

英学の友人がほしくて、学友の神田孝平に相談をもちかけたが、現在のところ学ぶ気はないと断られた。村田蔵六に勧めたところが、必要なら英書の蘭訳されたのを読むから不要なことはしないと、これも断られた。ようやく原田敬策の賛成を得て、二人で英語の勉強にはげんだ。当時は英語を話せる人が少なく、長崎から来た子供が英語を知っているというのでその子供に発音を習ったり、漂流者で帰ってきたものがあれば、それを宿屋に訪問して聞くというような苦労をしている。

このように英学修業に苦労しているときに、咸臨《かんりん》丸が米国に行くという噂を聞いて、諭吉はこれに乗り込むことに手を尽くした。江戸に来てから、かねて出入りしていた蘭学の大家桂川甫周に頼んで、ようやく軍艦奉行木村摂津守と関係をもつことができた。

II　外遊と著述と

1　最初の渡米

咸臨丸の派遣

諭吉は、万延元(一八六〇)年軍艦奉行木村摂津守喜毅《よしたけ》の従者として幕府の軍艦咸臨丸に乗り組み渡米したのを最初として、文久二(一八六二)年には遣欧使節一行の翻訳方として約一年間の探索に、さらに慶応三(一八六七)年には幕府の軍艦受取委員小野友五郎の一行に加わり再度アメリカに渡るなどしている。こうして、三度海外に渡航し米欧の社会に直接に接することができた。また、この時期にそれと併行して、万延元年にアメリカから帰ってのち、奥平藩士のまま幕府の外国方（現在の外務省にあたる）に傭われ翻訳の仕事を勤めるようになった。元治元（一八六四）年一〇月には、正式に幕府の外国奉行翻訳方を命ぜられ、一〇〇俵高、勤役中五〇俵増高という一個の直参になった。諭吉はそれまで中津藩士として一三石二人扶持、外国方から手当二〇人扶持をもらっていたにすぎなかったのである。この外遊による体験と、外交文書翻訳の仕事を通じて国際政治の機微を知ったこととは、彼の思想に重大な影響を与えたのである。

諭吉の第一回の渡米となった万延元年の遣米使節派遣は、条約批准書交換という目的のほかに、外国の状況を視察し、わが国の進歩に役立てようとする意図をあわせもっていた。そのために、海外情勢視察の希望者が加わって使節団の規模は大きくなった。とくに注目されるのは、使節および随員の従者という形をとって、相当数の藩士たちが参加したことである。

使節に、外国奉行の新見正興《にいみまさおき》、勘定奉行村垣範正《むらがきのりまさ》、目付小栗忠順《ただまさ》の三人。首席随員ともいうべきものに、外国奉行支配組頭成瀬正典、勘定組頭森方清行、それに外国方・勘定方および目付・医師が合計一六人、これがいわば正式の使節随員である。さらにこれらの人々は、それぞれ従者や召使をしたがえ、また使節の賄方として六人の町人・小者を加えたので、総勢は七七人となった。使節随員が同伴した従者や召使のなかには、本来の家士のほかに、臨時に採用された各藩の藩士たちが数多くいた。これらの人たちは、諸藩が派遣したり、藩の許可や援助のもとにみずから加わったのである。熊本藩・肥前蓮池藩・三河吉田藩・長門萩藩・土佐藩・佐賀藩・館林藩・盛岡藩・加賀藩・豊後杵築《きつき》藩などの各藩士と一名の医師を加えて、一五名になる。そのほかに、素姓がよくわからないが、遠国出身の人が相当数加わっている。この使節団は帰国しても、その目的に反して、米国で見聞したことを主張しなかったという。

咸臨丸の派遣は、使節の警護を名目として、海軍・航海の技術を実習するための目的をもっていた。咸臨丸の自力による航海をもっとも希望したのは、すでに四年間海軍伝習を行ってきた海軍操練所の人々であった。こうして、咸臨丸には、司令官木村喜毅（摂津守）、艦長勝海舟以下幕府海軍の直参、それにジョン・マーサー・ブルック以下のアメリカ海軍軍人七〜八名が乗っていた。そのほかに、諸藩の武士が加わっていて、諭吉はそのうちの一人であった。彼の乗船した咸臨丸は、使節より一足先きに、万延元（一八六〇）年正月一九日、浦賀を出帆し、二月二六日、サンフランシスコに着いた。そして同地に滞留すること五〇余日、その周辺を見物して、帰路ハワイに寄港し、五月五日に浦賀に帰着している。

咸臨丸は三〇〇トン余りの帆装蒸気船で港の出入にさいして蒸気をたくばかりで、航海中は、ただ風を頼りに航行するものであった。これが、航海術を学び始めてから五年目にすぎない日本人乗組員によって操縦されることになっていた。この咸臨丸の乗船者は総勢九〇余名、船の小さいわりには多数が乗船していた。

ブルック航海士

アメリカ海軍士官ブルックらが、なぜ咸臨丸に乗船したかについて記しておく必要がある。ブルックは、まれにみる航海士でありまた学者であった。彼はアナポリスの海軍大学を卒業し、しばらく海軍の測量と海図製作部に属していた。彼がその頃発明した測深器と海底の泥土採集器が、ベルリンの科学協会に認められ、プロシアから金メダルを贈られている。ペリー来日の二年後、ヴィンセンスという海軍の測量船に乗り組み、太平洋全域にわたる測量に従事した。下田に来たときには、小艇で箱館まで航海し測量している。一八五九年には、フェニモア・クーパーという測量船の船長になり再度来日した。横浜に入港して、彼自身は江戸に行っている間に暴風がおこり、フェニモア・クーパーは岸に打ちあげられてしまった。南北戦争にさいしては、南軍にあって、ブルック・ガンと呼ばれる大砲を作製したり、世界最初の甲鉄艦を建造したりして、ついには南軍の造兵長官まで勤めている。戦後は、ヴァジニアの陸軍士官学校の物理の教師として一生を終えた。

ブルックは、高潔な人格、剛直ながら温い人であり、日本人をよく理解していた。そのうえ、文才があり、絵をよくし、咸臨丸には得難い教官であった。ところが、彼に感謝したのは、木村摂津守と勝海舟艦長くらいのもので、この一〇〇年間、彼の真価を語る人は、ほとんどなかった。『福翁自伝』には、「決してアメリカ人に助けてもらうということは、ちょいとでもなかった」と記してあるのは明らかに誤りである。三七日間の航海中、カラリとした天気はわずかに四、五日しかなく、毎日のように嵐であった。船体が三七、八度傾くことは毎度のことであった。諭吉は、西洋を信ずるの念が骨に徹していたものとみえて、ちょっともこわいと思わなかったというが、日本人船員はあまり役に立たなかったということがブルックの日誌に記されている。ブルックは、その事実を公表せず、かえって日本人の努力を称賛していたのである。諭吉のように、船室にこもったきりで、「牢屋に入て毎日毎夜大地震に遇て居ると思へば宜いじゃないか」という状況にあったものには、知ることができなかったであろう（清岡暎一「咸臨丸とブルック日記」、『福沢諭吉全集』第二一巻付録所収。角川書店『日本史探訪』第七集にも紹介されている）。

諭吉ら、帰国
[万延元年(1860)5月5日]

威臨丸、閏3月19日にサンフランシスコ港を出港、ハワイに寄港したのち5月5日日本に到着。

「これは写真屋の娘で年は15とかいった。(略)そのとき私ひとりで行ったところ娘がいたから、おまえさんいっしょにとろうではないかというと、アメリカの娘だからなんとも思いはしない、とりましょうというていっしょにとったのである。」(『福翁自伝』)

アメリカで撮った諭吉と少女の写真(慶応義塾福澤研究センター提供)

『航米日録』と諭吉

諭吉は、この渡米によって、初めてアメリカの国土にはいり、そしてアメリカ人の社会と、その日常生活に接することができた。彼は、見聞するごとに大きな驚きを感じた。アメリカ人が案内してあちらこちらの製作工場などを見せてくれた。先方が説明してくれる理学上のことは、すでに書物で習って知っていたが、社会上のことについては、全く見当がつかなかった。わが日本では貴重な鉄が、米国では沢山棄てられているのに驚いている。また、源頼朝や徳川家康のことから割り出して、ワシントンの子孫といえば大変なものにちがいないと思って、それがどうしているかとアメリカ人に聞いたところが、いかにも冷淡な答えが返ってきたといって驚いている。

しかし、概して国際政治の体験はしなかったとみえる。見聞したのはサンフランシスコ周辺だけであったし、それもまだ人口わずかに六万余の小都市にすぎず、まだ鉄道もできていない時期であった。この渡米で、諭吉が買い入れた英語に関する書籍も、現在判明しているのは、ウェブスターの字引と『華英通語』だけである。後者は、清国人子卿の原著で、英語の単語単文に、中国文字で発音と訳語とをつけたものにすぎないが、それにもとづく『増訂華英通語』は、諭吉の処女出版となった。このときポーハタン号に乗って使節の新見正興に随行した仙台藩士玉虫左大夫は『航米日録』を著している。この日録には玉虫が夷狄《いてき》観や身分意識を脱却して、しだいにアメリカ人の社会に理解を示すようになる過程があらわされているが、諭吉にはそのような記録はない。

玉虫は、志願して参加した一群のなかでも、少数の儒学者の一人であった。彼は、大学頭林復斎《ふくさい》に認められ、その塾の塾長まで勤めたくらいの学者であったのに、使節団に志願して従者として加わったのである。米国行の初期の玉虫のアメリカ観は、当時一般的だった夷狄観であった。彼は、この米国行によって、「夷情」を「探索」しようという堅い志を抱いていた。その「探索」の熱心さから、進んで米艦乗組員と話をするようになり、ワシントンに着くまでの二か月間の航海でさまざまな経験をかさね、ついにそれまでの西洋と自国についての観念を反省し、修正していくことになった。さらにアメリカ大陸に上陸してからの見聞、帰路における軍船の生活を経験した。日本に帰着したときには、華夷の差別をこえて共通する人間性に眼を開くに至っていた。

彼の『航米日録』は、全八巻で、岩波版「日本思想大系」の『西洋見聞集』に収められている。この記録は、その観察・見聞が、きわめて詳細であること、またそれを克明に、いきいきと描写したその客観的記述が特色といえよう。彼は使節団一行のなかの地位が低かったために、公的な行事、行動についての記述が少ないのが欠点であるが、その点を除けば、その記述は他の諸記録と比較してももっとも優れたものをもっている。また彼が見聞した対象に対して、豊かな感受性をもち、敏感に反応し、また相当に学問があり、また予備知識をも養っていたので、相当の見識をもって批判し記述している。そのため、記述が単なる記述に終わることなく、つねにみずからの批判的所見をもつことができたことは、もう一つの特色となっている。

この航海は諭吉にとって、「机上の学問を実にしたるものにして、畢生《ひっせい》の利益これより大なるはなし」（木村芥舟《かいしゅう》『三十年史』序）というものであった。諭吉の英語修業は急速に進んだ。また、強い国家意識を抱くようになった。そして、この渡米が縁で、帰国後、幕府の外国方に傭われ、中津藩士の身分のままで、外交文書の翻訳を勤めることになり、幕府外交の枢機に接するようになったことは、諭吉の視野の拡大にきわめて重要な意味をもっていた。攘夷行動が日本を危機におとしいれると思ったであろうし、また幕府所蔵の洋書を読むこともできるし、外交文書の翻訳によって英語の研究も進歩した。身分上では、もはや一介の中津藩士でも、一介の蘭学者でもなくなったのである。

帰国した年の文久元（一八六一）年冬、諭吉は、中津藩士、江戸定府土岐《とき》太郎八の次女お錦《きん》（一六歳）と結婚した。土岐家は、その曾祖父が中津藩の家老奥平主税の子で、別家して土岐と称したのであり、三〇〇石の家柄で下級の諭吉の家とは比較にならない上級武士である。この結婚は諭吉の才能が認められた結果であった。この身分ちがいの結婚を、「封建制度は親の仇」と記した諭吉が、嫌ったという形跡はない。彼にとっては、身分上昇のチャンスだったといえる。彼は、これ以後、藩の開明派重臣島津祐太郎らと親しくなってゆき、この点でも、もはや単なる下級武士ではなくなった。この結婚にさいして、諭吉は芝新銭座に借家して新居を構えた。

2　貪欲なヨーロッパ行

遣欧使節の意図

諭吉の第二回目の洋行は、文久元(一八六一)年一二月に出発した遣欧使節団の正式の随員「翻訳方」として随行したものである。この使節は、開市・開港延期という目的をもっていたが、それは、攘夷行動をやわらげるためであるとともに、公武合体・朝幕融和を推進するために攘夷に熱心な朝廷側の歓心を得ようとするものであった。また、アメリカへ使節を派遣したから、列国に対する儀礼上の均衡をとるための要素もあった。さらに、政治・教育・軍事など西洋の文物制度を視察して、国内の改革に役立てようとする意図が含まれていたことも前回の遣米使節派遣のときと同様であった。

イギリス公使オールコックは、幕府高官中の開明分子を選んで彼らに英国の実力やヨーロッパの外交慣行の実態を見聞させようとした。支配層を啓蒙することによって、自由な通商貿易への改革を、上から平和的に行わせようと考えていたのである。そして、老中安藤信正に対しても、派遣される使節は、ヨーロッパ諸国について積極的に見聞すべきこと、また英国側としても日本側の見学すべきところは進んで公開する用意があること、このような視察が日本の変革の一助となるであろうと述べている。

一行の出発直前に、老中安藤から三人の使節へ発せられた訓令には、当面緊急の交渉案件とならんで、取り調べたり研究すべき事項一二があげられている。それには、各国の政事（政治）・学政（学制）・軍制は、とくによく心がけて取り調べることという項目があげられていた。また「窮理分離等之書」から「兵書数書政事書」「経済刑法文武学校規則書」「物産書」、さらに「画学並音楽書類」に至るまでも買い入れるようにとの訓令も与えられていたのである。そして、後述する探索要員は、またこのような書籍・器具類の買い入れにもあたった。正使に勘定奉行並外国奉行竹内保徳（下野守）、副使に神奈川奉行兼外国奉行松平康直（石見守）、立合監察に目付京極高朗《きょうごくたかあき》（能登守）、随員として、勘定役日高圭三郎、勘定役格徒目付福田作太郎、外国奉行支配組頭柴田剛中《たけつなか》（日向守）、同調役並水品楽太郎《みずしな》が選定された。それに各人の従者らが加わって合計三六人。イギリス・フランス・オランダ・プロシア・ロシア・ポルトガルの六か国を訪問することになった。

この一行には、翻訳方として、松木弘安・箕作秋坪、通詞として福地源一郎・立広作・大田源三郎・福沢諭吉の計六人が参加した。彼らのうち、松木・箕作・福沢の三人は、蘭学・英学の学力によって列国の「探索」を行うことが任務であったと思われる。この三人は洋学者として以前からの仲間であった。その「探索」の責任者は、柴田剛中であった。外国奉行支配手付翻訳方の諭吉は、この柴田に早くから働きかけていた。そうして、通詞として随行する予定になっていたオランダ通詞品川藤十郎に差し支えが生じたとき、この品川の代わりに「探索」要員として選ばれたようである。

「西航記」と「西航手帳」

さて諭吉は出発にあたり、手当金として四〇〇両をうけたが、そのうち一〇〇両を母の手もとに送り、残り三〇〇両は、ロンドンで英書の購入にあてることとした。

文久元年一二月二二日(一八六二年一月二一日)正午、芝田町上陸場より、イギリス政府差し廻しのイギリス軍艦オージン号に乗り組んで、二三日朝品川を出帆した。翌文久二年元旦の朝長崎を出帆し、香港、シンガポールを経てインド洋を渡り紅海にはいった。当時、運河スエズは工事中で、まだ完成していなかったから、スエズから鉄道に乗ってカイロに行き、地中海をこえてマルセイユに到着した。三月五日のことである。それからフランス、イギリス、オランダ、プロシア、ロシア、ポルトガルを巡遊して、同年一二月一〇日（一八六二年一月二九日）に帰国している。ほぼ一年間、一応西欧文明に触れることができたといってよい。諭吉は、「西航記」という日記を記しているが、このほかにパリで買った手帳に旅行中の見聞をメモしている。福沢諭吉全集では、これを仮りに「西航手帳」と名づけている。これらによって、彼のヨーロッパ旅行で得たものをうかがい知ることができる。

使節一行が乗った船がイギリスの軍艦であり、その寄港したところがいずれもイギリス領であったことから、諭吉は国際政治の緊張を痛感し、イギリス人のアジア人に対する圧制の実情を眼のあたりに見ることとなった。その結果、彼は日本が植民地化の危機におかれているという印象を強くうけることになった。

長崎を出帆して六日目に香港に着くと、そこでは「香港の土人は風俗極て卑陋《びろう》、全く英人に使役せらるゝのみ」という観察をしている。そして香港の兵備は、はなはだ厳重であり、常備兵三〇〇〇人をおいていると聞く。さらに香港の出帆が、アメリカの南北戦争（一八六一〜六五）の影響で予定より遅れ、戦闘準備を整えて出発したことが記されている。「夜第六時半、船中に令し、尽《ことごと》く燈火を消し、火薬庫より弾薬を出し、大砲の覆《おおい》を撤し小銃を集め、全く戦装を為す。蓋《けだ》し新嘉坡《シンガポール》港漸く近き、米艦の戒あればなり」と。イギリス軍艦に乗ったために、日本を離れてから一〇日目に、戦場に身をおくことになりかねない情勢になっている。

カイロにおいては、英仏両国の外交官が、おのおのその本国へまずわが使節を迎えようとして、しのぎをけずる有様に遭遇した。いよいよパリに到着し、パリ最大のホテルに宿泊して、規模の大きいのと設備の整っているのとに驚いている。パリでは縦一七・二センチメートル、横七・二センチメートルの黒革表紙、白紙八二枚の手帳を買って、これに旅行中の見聞をメモすることになる。これが「西航手帳」である。

ヨーロッパでの旅程

パリに着いたのが、旧暦三月九日(陽暦四月七日、火曜)の夜で、パリを去るのが四月一日のことである。ロンドンには、四月二日夕刻到着し、五月一五日にオランダに向けて出発している。イギリスでは見学したところが多い。諭吉は、とくに精力的に、病院、学校などを訪問している。すなわち、ロンドンブリッジステイション、病院、伝信器局、博覧会、テームズトンネル、グリニッチ天文台、海軍局、キングスコルレージ学校、盲唖院、養癲院《ようてん》(精神病院)、養唖院、キリスタル・パレース(玻璃宮)、武器庫、ロンドンドック、アームストロング砲製作局、セントポウル寺院、などである。

諭吉にとっては、これらの事業がどのように経営、維持されているのかが、関心の的であった。

オランダには、五月一七日から六月二一日まで滞在したが、他の国に比べてとくにこまやかな接待をうけている。このイギリスおよびオランダに滞在中、手当金を全部原書の購入にあてた。

六月二一日、ユトレヒトを出発して、ライン河をこえてドイツにはいりデウツに泊る。翌日夜ベルリンにはいる。七月一〇日にはベルリンを出発して、河蒸汽船でオーデル河を下りスウィネミュンデでロシアの軍艦に乗りかえた。一一日夜、フィンランド湾の奥にある、ペテルスブルクの外港クロンスタットに到着し、一四日、ペテルスブルクにはいる。ロシア滞在中には、少し変わったことがあった。それは病院で箕作、松木らと外科手術を見学したとき、諭吉は血を見て気を失い、同行の山田八郎に支えられて室外に出て、水を呑んでようやく正気にもどったという事件である。これは自伝に記してあるが、あの威勢のよい諭吉の本当の姿が顔を出したような気がする。また、ロシアの接待委員の一人から、ひそかに、使節の一行から脱走してロシアにとどまり帰化するよう勧められたことが、やはり自伝に出てくる。

八月二四日、朝、ペテルスブルクを出発し、翌日プロシア領にはいる。二九日にはフランスにもどってパリに到着した。このパリ滞在中に、「アメリカ及び東洋民族誌学会」の正会員に推挙され、会員証を授与されている。

閏八月二三日、ポルトガルの首府リスボンに着く。九月三日にフランスの船に乗り出航し、帰国の途に着き、アレクサンドリア、カイロを経てスエズに至っている。

九月二九日、フランス船ヨーロッパ号に乗船して使節一行と合して、アデン、セイロン島のガルに寄り、シンガポールに到着している。ここでフランス船エコー号に乗り継ぎ一一月一五日に出帆し、交趾《コーチシナ》のサンジャク、香港に立ち寄って、一二月一〇日、品川に帰着した。

そうしてこの一二月二八日には、はやくも、外交文書の翻訳を行っている。

各国探索の報告書

諭吉がヨーロッパ巡回中に心がけたのは、外国人にはわかりきったことで字引にも載っていないようなことを調べることであった。したがって原書を調べてもわからないことだけをこの逗留《とうりゅう》中に調べておきたいものだと思い、見聞をメモ帳に記してきたのである。帰国後、それを土台にして、そのうえいろいろな原書を調べ、また記憶するところを綴りあわせて著したのが、『西洋事情』である。このように『福翁自伝』には記してある。

さきに記したように、ヨーロッパに行くとき、諭吉が一緒であった洋学者たちの行った調査結果は、何らかの形で、『福田作太郎筆記』の「英国探索」などに収められたと思われる。また柴田のものは、彼の「柴田剛中日載」に記されている。それらはともに『西洋見聞集』（岩波書店、

文久2（1862）年欧州派遣中の諭吉
（パリ人類学博物館蔵）

日本思想大系）に収録されている。諭吉の『西洋事情』は、このような彼の任務のなかから生まれたものである。

探索の任務について、その責任者である柴田は、最初の訪問国フランスからイギリスに渡った直後に、非常に悲観的な手紙を外国方の同僚に送っている。言葉の障壁、文化のちがい、群れ集まる見物人のために行動の自由がないこと、などのために、三、四〇日くらいの日数では、探索が十分には行えず、結局は、担当者一同は手ぶらで帰ることになるのではないかと心を痛めているのである。

これに対して諭吉は、中津藩の上役である島津祐太郎に宛てた手紙（全集第一七巻）で、探索の成果についての自信と喜び、その任務を達成しようとする意欲を示している。学術研究は勿論、ヨーロッパ諸州の事情風習の探索をする心づもりで、「已《すで》に仏英両国にても諸方に知己を求め、国の制度、海陸軍の規則、貢税の取立方等聞紏《ききただ》し」、百聞は一見にしかずというわけで、大いに益を得たと記している。そして藩から受けた手当金は、残らず書物の購入にあてる覚悟のほどを書き記している。この「国の制度、海陸軍の規制、貢税の取立方等」は、単なる諭吉の関心であったのではなく、使節団に命じられた「探索」の項目にも関連しているように思われる。松沢弘陽氏は、諭吉のメモである「西航手帳」の内容を「英国探索」と照合することによって、この点を追求している。「英国探索」のもとになった資料について要約すれば、政治制度・軍制・財政・貴族制などイギリスの国制の基本構造の説明については、使節団のメンバーが分担して実地に見聞し、また現場での説明をうけたのだといえよう。「探索」の広い意味での協力者まで含めても、関係者の数はそう多くはなかったろう。そのなかで、大きな役割を演じているのは、やはり諭吉のようである。

このような資料群が「英国探索」という報告書にまでまとめられるについては、帰国後、福地源一郎が柴田剛中の命をうけて編集して数巻の報告書をつくり、これを竹内下野守の手許まで差し出したと、みずから『懐往事談』に記している。また福地は、この報告書について、「大方は福沢氏の西洋事情と同じ程の材料」と記している。松木弘安も「或云ふ、福沢の著せる西洋事情多くは此聞見録に基づけるものなり」と回想している。松沢氏は、この福地がまとめた「報告書」が、『福田筆記』の中の列国「探索」四冊と同じ内容のものだったように思われてならないといっている。

ベリヘンテとレオン・ド・ロニ

幕閣という組織の事業として企てられた「探索」は、政治情勢の変化によって、その組織の構成も政策も変わった結果、実を結ぶことなく終わった。しかし使節団を構成するメンバー個人の関心や志は、彼らの属する組織をこえて存在する。あるいはその枠をはみ出しても働くことができる。『西洋事情』と『開知新編』という二つの本は、まさしくそのような個人の志あるいは関心が生み出したものであった。後者の『開知新編』は、旧幕府海軍の下級士官であった橋爪貫一の編集したもので、その質は、『福田筆記』中の各国「探索」書よりもはるかに劣る。

各国調査の成果のうち、もっとも分量の多い「英国探索」についていえば、そこに描かれた英国像は、輪郭の確かさの点でも細部の詳しさの点でも、幕末の日本で、それまで読まれていた諸書に比べて、優れていた。予備知識の貧しさ、ことばの障害を考えれば、英国滞在わずか六週間のうちに行われた「探索」の成果は驚くべきものだったといえよう。そして、その成果は、「シンモン＝ベリヘンテ」氏の説明によるところが大きかった。「ベリヘンテ」氏の英国政治に対するはっきりした立場は、急進主義者のそれだったと考えて大過はないだろう。諭吉の『西洋事情』が写本の段階でも、刊本になったときも、開巻第一ページを同氏が語った文明の条件についての考察で書き出していることからみても、「英国探索」のなかで「ベリヘンテ」氏に由来する部分が占める大きな比重によっても、この人が決定的な役割を果たしていることが知られよう。

フランスでは、幕末の日仏関係史に名をとどめた日本マニアのレオン・ド・ロニがいて、諭吉たちのためにフランス「探索」だけではなく、西洋事情一般の紹介者の役割を買って出た。諭吉の『西洋事情』は、このような協力者によって、例えば、レオン・ド・ロニ氏によって情報量が増大し、「ベリヘンテ」氏によって、イギリスについての深い洞察が得られたのである。

この『西洋事情』が刊行される前に、諭吉がヨーロッパから帰って一年余の元治元（一八六四）年、写本の小冊子「西洋事情」が流布していた。これには、諭吉の「西航手帳」に記されているシンモン・ベリヘンテ氏によると思われる文明の条件についての宣言をまっ先に掲げており、全体の叙述のなかに「西航手帳」への記入、とりわけ、その「まとめ」の部分が骨格を形づくっているのが、うかがわれる。諭吉は、「長州再征に関する建白書」を、木村喜毅の手を経て老中小笠原長行に提出するとき、この「写本西洋事情」を付けて出している。

『西洋事情』の影響

洋学者たちが、折角、ヨーロッパの事情を調査してきたにもかかわらず、福地の編集した公式の報告書は、二条城中の閣老にまで提出されながら行方不明となり、遣欧使節という組織の事業としての「探索」は無に帰してしまった。しかし、志願して使節団に加わった諭吉の場合には、実地に探索し、友人から学んだ事柄は、パン種のようにふくらみ続けていった。世に送られた『西洋事情』の写本も刊本も多くの人々に読まれていった。そして、その影響は維新直前において、幕府や雄藩の首脳部にもおよんでいた。

写本と刊本では、相違点があり、写本には西洋文明批判が認められるが、刊本にはその点が見出されない。ある論者は、このことを、攘夷派の打倒を最大の課題としていた諭吉が、攘夷派の乗ずる隙を与えまいとして刊本の刊行にさいしこれを意識的に削除したとみている。

諭吉が今度の洋行で得た利益は次のようなことであった。「例へばコヽに病院と云ふものがある、所で其入費の金はどんな塩梅《あんばい》にして誰が出して居るのか、又銀行《バンク》と云ふものがあって其金の支出入は如何して居るか、郵便法が行れて居て其法は如何《どう》云ふ趣向にしてあるのか、仏蘭西では徴兵令を励行して居るが英吉利には徴兵令がないと云ふ其徴兵令と云ふのは、抑《そもそ》も如何云ふ趣向にしてあるのか、其辺の事情が頓《とん》と分らない。ソレカラ又政治上の選挙法と云ふやうな事が皆無分らない。分らないから選挙法とは如何《どん》な法律で議院とは如何な役所かと尋ねると、彼方の人は只《ただ》笑って居る、何を聞くのか分り切った事だと云ふ様な訳。ソレが此方では分らなくてどうにも始末が付かない。又党派には保守党と自由党と徒党のやうなものがあって、双方負けず劣らず鎬《しのぎ》を削って争ふて居ると云ふ。何の事だ、太平無事の天下に政治上の喧嘩をして居ると云ふ。サア分らない。コリャ大変なことだ、何をしているのか知らん。少しも考の付かう筈がない。彼の人と此の人とは敵だなんと云ふて、同じテーブルで酒を飲んで飯を喰て居る。少しも分らない。ソレが略《ほぼ》分るやうにならうと云ふまでには骨の折れた話で、其謂《いわ》れ因縁が少しづつ分るやうになって来て、入組んだ事柄になると五日も一〇日も掛ってヤット胸に落ちると云ふやうな訳で、ソレが今度洋行の利益でした」。

諭吉の眼力は鋭敏であった。「〇印度は、大抵英の有なり、然ども印度人は英の政治を恐《うら》む。〇ビルマン滅びたり、英之を取れり〇シャムは仏を慕ひ英をうらむ、シャム王は好き人物なり、然れども国人の風俗甚悪し」（「西航手帳」）。このように、上陸しなかったインドについての情報も入手している。

3　翻訳と著述

緊迫した政情のなかで

ヨーロッパから帰国したのちの諭吉の、外交文書翻訳の仕事は、多忙であった。生麦事件に関する文書、長州藩の外国艦船砲撃に関する文書、鎖港攘夷通告書に対する抗議文書、薩英戦争談判に関する文書などの翻訳は、この年のものである。こうしたなかで文久三(一八六三)年五月初めには、生麦事件の談判のため英・仏の軍艦が品川沖に迫るという申し入れがあり、幕府から江戸市中に、戦闘開始のときは、火矢で合図をするから用意せよという命令が出た。それで、諭吉は青山新田の知人の家に立ち退く準備をしたほどである。

この年、神奈川奉行組頭の脇屋卯三郎が、長州にいる親類に手紙を出したことから謀反人とみなされて牢に入れられ切腹を命ぜられるという事件がおこった。そのため諭吉は、外交の機密に関するメモをいそいで焼き捨てたほどに身の危険を感じたのである。またその逆に攘夷論者からは洋学者が狙われるという事件もおこって、両方からの危険に挟まれる有様であった。諭吉は、攘夷論者の行動によって、条約上わが国は余計に不利になるという感じを、いっそう強く抱いていった。

元治元(一八六四)年になると、政情はいよいよ緊迫した。蛤御門の変がおこったのが、七月一九日、四か国の連合艦隊が下関を砲撃したのが八月五日、中津奥平藩に対して幕府より長州征伐の出兵命令が下ったのは八月二二日のことである。このような情勢のなかで、諭吉は、幕府より召し出されて、外国奉行翻訳方を命ぜられ、一〇〇俵高、勤役中五〇俵増高、暮に金

『西洋事情』の扉

『西洋事情』の表紙

一五両下されることになった。中津奥平藩士から、幕府の直参になったのである。

外交文書の翻訳は、ますます多くなった。慶応元(一八六五)年八月、外国奉行らは、福沢諭吉および箕作秋坪が翻訳御用多端のため居残り徹夜などの勤めもたびたびで、そのうえ英・蘭兼学で格別出精しているから特別の取り扱いとして、一年金五〇両ずつの特別手当を支給されたいと願い出ている。これに対して、お上からは願いの通りには計らいかねるけれど暮の手当のとき、別段の手当を支給するように取り計らうという沙汰があった。諭吉ら翻訳担当者のために奉行が手当を配慮するほどに、彼らは多忙をきわめたのである。それは、同時に諭吉の国際知識が、ますます豊富になることでもあった。

諭吉は、慶応三(一八六七)年三月より『西洋事情』の執筆に着手した。同年八月二一日、朝廷は将軍家茂の喪をもって、征長の兵を停止する。九月六日、木村喜毅は京都で小笠原萱岐守に会い、諭吉の「長州再征に関する建白書」を提出した。一〇月二五日、幕府の遣英留学生一行が出発しているが、このなかに福沢英之助(旧名は和田慎次郎)を参加させている。そして、一一月、諭吉は幕府の軍艦受取委員の一行に加わりアメリカに行く内命をうけた。一一月末か一二月初めころ『雷銃操法』巻之一を刊行し、一二月六日『西洋事情』初編(三冊)を刊行した。

諭吉は、慶応三年一月七日、ロンドンの川路太郎・中村正直(敬宇、敬輔)宛に手紙(全集第一七巻)を送っている。洋学者諭吉と儒者正直との最初の文通であろう。その手紙の前半は、病気の福沢英之助が格別の世話になったことへの御礼状である。後半は、フランスで開かれる万国博覧会の使節として派遣される清水家の徳川民部大輔昭武《あきたけ》(のちの水戸藩主)が正月一一日ころ出帆することを報じている。そして、各国公使を大坂城へ招待し、将軍みずから接待する由といって、「未曾有の御盛挙、感激に不堪《たえず》、難有《ありがたき》御時勢に御座候。此模様にては文明開化、日を期し企望すべく、既に此節にても大名同盟論抔《など》は何となく痕跡を消し申候」と、幕府の新しい動きに期待をかけている。

「世界中の罪人」

この慶応三年の初めは、新将軍慶喜が、旗本の開明派を登用し、幕府職制を欧米の内閣制度を手本として改革を行い、兵制を洋式化するというように、めざましい幕政改革に着手したときである。薩長方は、この改革で幕府が立ち直るのを恐れたほどであった。諭吉が期待をかけたのも無理のないことであった。

この大名同盟論について、諭吉は、その前年の慶応二(一八六六)年一一月七日に、遣英留学生の一員としてイギリスに向かって航行中の福沢英之助に宛てた手紙(全集第一七巻)のなかで記している。英之助の出帆後、江戸の模様も、しだいによくなったといい、講武所の槍剣術師範役などが廃止され、遊撃隊という鉄砲打ちになったこと、二、三日前に文武士官は筒袖股引《つつそでまたひき》を許されたことを報じ、さらに続けていう。大名同盟の論はあいかわらず行われている様子である。「此義は太郎殿敬輔殿えも内々御話し、兼て小生の持論にて御論破可被成、同盟の説行れ候はゞ随分《ずいぶん》国はフリーにも可相成候得共、This freedom is, I know, the freedom to fight among Japanese. 如何様相考候共大君のモナルキに無之候ては、唯唯大名同志のカジリヤイ(噛り合いのこと)にて、我国の文明開化は進み不中、今日の世に出て大名同盟の説を唱候者は、一国の文明開化を妨げ候者にて、即ち世界中の罪人、万国公法の許さゞる所なり。此議論は決して御忘却被成間敷候」と。この文明開化を進めるために大君のモナルキーが必要であるとしたのは、諭吉の特徴がよく示されている。

このころ、諭吉が攘夷論の源泉の長州藩に対して抱く憎しみは驚くべきものであり、さきに木村喜毅に託して提出した「長州再征に関する建白書」（全集第二〇巻）のなかでも同様に長州を「天人ともに怒る世界中の罪人」と呼び、外国の兵を雇い、武器を買いあげて防長を取り潰すべきであると主張し、そのために予想される歳費の計算までも立てている。外国の兵を頼むのは人心に響くという心配をするかも知れないが、すべて名義というものは兵力によりどうにでもなるものである。勅命などというのはローマ法皇の命と同様、ただ兵力に名義をつけるまでのことであるから、それに拘泥していては際限もないしだいである。ましてこのたびは「天人ともに怒る世界中の罪人」を征するのであるから、将軍が長州を伐つことは名実ともに正しく、なに一つ懸念の必要もないから、断然と決意して、外国の兵をもって防長を取り潰し、そのうえで異論を申し立てる大名も、ただただ、その方へ直接に討伐の軍隊をさし向け、この一挙で全日本国封建の制度を一変するほどの御威光を示すようでなくてはいけない、という趣旨の建白をしたのである。

これは、まさしく、大君によるモナルキーを強行しようという意見である。諭吉は、長州の攘夷論を口実にすぎないし、元治元（一八六四）年の下関での敗北以後、しきりに外国人に近づき、大名同盟の遊説のため書生を海外に派遣し、また下関そのほかで外国の「姦商」を呼び集めてひそかに貿易し、武器を買い入れ、金を借用し、はなはだしくは外国浮浪の徒を頼み、外国船をも雇い入れ、「支那長毛賊の轍《わだち》に效《なら》ひ、如何様の事件を生じ候哉《や》も難計《はかりがたく》、此義最も可恐《おそるべき》義に奉存《ぞんじたてまつり》候」とみていたのである。文久二（一八六二）年、ヨーロッパ行の船中で、松木弘安・箕作秋坪らと時勢の行末を論じ、大名同盟の説を唱えたという諭吉が、下関事件敗戦後の長州藩の行動を知りつくした結果として、大君のモナルキーに転向したのである。下関敗戦後の長州藩の攘夷の真の目的が、徳川打倒にあった以上、幕臣である諭吉が、何としても長州を潰滅すべしと主張したことは、当然のことであったろう。

徳富蘇峰と諭吉

ここで興味深いのは、諭吉が明治維新のさいに、わが国は植民地化される危機になかったとみていることである。それは、「瘠我慢《やせがまん》の説」（全集第六巻）付録の「瘠我慢の説に対する評論に就て」に明らかにされている。「瘠我慢の説」は、江戸城の無血開城をもって、「三河武士の精神に背《そむ》くのみならず、我日本国民に固有する瘠我慢の大主義を破り、以て立国の根本たる士気を弛《ゆる》めたるの罪は遁《のが》る可らず」というもので、勝海舟が無血開城の責任者でありながら、「新政府の新貴顕と為り、愉快に世を渡りて曾《かつ》て怪しむ者なきこそ古来未曾有の奇相なれ」といって、勝の維新後の行動を批判し、ついでに榎本武揚にも批判の鉾先《ほこさき》を向けたものである。これは、明治二四（一八九一）年冬ころに執筆されたが、『時事新報』に発表されたのは、同三四（一九〇一）年一月のことであった。

これに対して徳富蘇峰が、『国民新聞』紙上に「痩我慢の説を読む」と題する一文を掲げて、勝のために弁護を試み、勝の行動は、国際情勢による日本の破滅を防ごうとした臨機の措置であると主張した。これに対して、諭吉が、石河幹明に当時の事情を語り聞かせ、『時事新報』紙上に発表させた駁論が、「痩我慢の説に対する評論に就て」である。

このなかで諭吉はいう。蘇峰が、維新の当時もっとも恐るべき禍は外国の干渉にあるとして、徳川と薩長の両軍が開戦すれば日本国は滅びたかも知れないと判断し、それによって勝の行為を弁護したのは、全く事実を知らないからであると反駁する。そもそもアメリカの使節ペリーが渡来して開国を促した最初の目的は、単に薪水食料を求めるの便宜を得ようとするにすぎなかったことは和親条約の個条をみても明白である。

ついで通商条約を締結したけれど、この場合も、諸外国はいずれもわが日本を一個の貿易国として、単にその利益を得ようとしたにすぎない。各国公使が、ややもすれば、脅嚇《きょうかく》手段を用いて兵力に訴えて目的を達するぞと公言するなどその乱暴狼籍《ろうぜき》驚くべきものがあった。外国の事情に通じない日本人は、これをみて本国政府の意向もそうであろうかと推測して恐怖を抱いたこともあるけれども、その挙動は公使一個の考えで、政府の意志を代表したものとみることはできない。

フランス公使ロシュは幕府と契約した横須賀造船所の設立計画によって非常に利益を得たという。しかし生糸の独占購入の計画は各国公使の反対で成立しなかった。生麦事件のときには、イギリス人は軍艦を品川沖に乗り入れ、時間を限って幕府に回答を促し、江戸市街を焼き打ちにするといって虚喝《きょかつ》した。アメリカ人は、一個人の殺害のために三五万ドルの金額を要求するとは不法の限り前代未聞だから、そんな要求は拒絶せよ、拒絶しても戦争にはならないこと請合いであるといって幕府に拒絶を勧めたのである。奇怪なのはフランス公使で、何の関係もないのに幕府がイギリスの要求を聞きいれなければフランスはイギリスと同盟して、ただちに開戦に及ぶであろうと迫ったことである。いずれも公使一個の考えで、決して本国政府の命令から出たものとは考えられない。かの下関砲撃事件にしても、各公使が臨機の計らいで深い考えがあったのではない。このように諭吉は考えていた。

関心は利益の一点に

このようなわけで、外国政府が日本の内乱に乗じ兵力を用いて大いに干渉を試みようとする意志を抱いたなど、到底思いもよらないところである。干渉の危険などは、いやしくも当時の事情を知るものは何人も認めなかったところである。だから王政維新ののち、新政府が政府革命のことを告げて各国の承認を求めたときに、いずれも同意を表したのである。幕府と親密だったフランスの公使でさえも、徳川政府に対して有する債権も新政府が引き受けるならば全く差し支えないと答えたという。これはフランスがとくに幕府を庇護する意志のなかった一証拠としてみることができる。

小栗上野介はフランス人に頼って種々計画したけれど、それはもっぱら軍備を整える目的にほかならない。明治政府が、外国の金を借りて、また外国人を雇って、鉄道・海軍のことを計画したのと少しも異なるところはない。小栗は、ただ徳川に忠ならんとしたもので、外国の力を借りて政府を保存しようと謀ったという評のごときは、決して彼の甘受しないところであろう。

いま仮に一歩を譲り、幕末にさいして外国干渉の憂いがあったとすれば、その機会は、むしろ長州征伐のときにあったであろう。それにもかかわらず、そのときも外国人は干渉しなかった。彼らにしてみれば、長州が勝っても徳川が勝っても、関心のあることは、ただ利益の一点にあった。官軍東下、奥羽の戦争のときに横浜の外人の恐れたことは、東北地方の養蚕地が戦争のために荒らされて生糸の輸出が断絶し、横浜貿易が損害をうけることなのであった。このような彼らの利害上、内乱に干渉して、いっそうその騒動を大きくすることなど思いもよらず、ただ一日も平和回復の早いことを望んだであろうだけである。

さらに、内乱にさいし外国干渉の憂いありとすれば、西南戦争のときだって、その機会はあった。しかし実際には、外国人の干渉の気配はなかったし、日本人でも敵味方ともに実際干渉を心配したものはいなかった。

そもそも幕末のときにあたり、上方の辺《あたり》に出没したいわゆる勤王有志家の挙動をみれば、乱暴狼藉をきわめている。局外より眺めるときは、ただこれ攘夷一偏の壮士輩と認めざるを得ない。幕府の内情も、実はあくまでも鎖国攘夷主義である。だから鳥羽伏見の戦い、ついで官軍の東下のごときは、あたかも攘夷藩と攘夷藩との衝突で、たとい徳川が倒れて薩長がこれにかわっても、さらに第二の徳川政府をみるにすぎないであろうと一般に予想したのも無理のない次第であった。したがって維新後の変化は到底想像もできない有様だった。それを勝が一身の働きをもって、しいて幕府を解散し、薩長の徒に引き渡したのは、どのような考えから出たのかわからない。勝がとくに外交の危機を絶叫したのは、反対派の激昂を鎮撫する口実であったのではないかと諭吉はいうのである。成立当初の明治政府は攘夷論のかたまりとみて世をはかなんだという諭吉のことであるから、こう考えるのは当然であったと思われる。現在研究者の間で重視されている農民一揆の威力なぞは、諭吉は思いもよらなかったらしい。

榎本武揚への批判

諭吉はさらに榎本武揚のことにおよぶが、彼が榎本を批判するについては、海舟に対するのとはちがった言い分が諭吉にはあったといえる。その理由は、維新のさい諭吉が榎本の老母のために面会の歎願書案文を書いてやったり、榎本の助命運動をしていることである。

歎願書案文（全集第二〇巻）というのは、戊辰戦争のさいに明治二（一八六九）年榎本が箱館において官軍に降伏し、東京に護送されて、兵部省軍務局の糺問所に檻禁中のときのことである。静岡にいた榎本の母親が上京してきて是非榎本に面会したいと願っていたのをみて、諭吉が老母に哀願書を出させることにした。その願書は、諭吉が自分で代作し、これを榎本の姉に浄書させ、老母がこれをもって兵部省に出頭し差し出したのである。これに役人も大変感動して、老母は獄窓をへだてて子息の榎本と面会することができた。また榎本が箱館で降伏するときに、オランダ留学中に学んだ航海術の講義筆記を官軍におくったが、それが黒田良助（清隆）の手もとにあった。諭吉は、これを利用して、榎本でなければ翻訳できないといって、また有為な人物は助けた方がよいと勧めたりして、助命の運動をしたのである。諭吉はその自伝で「何れ大西郷などがリキンデとうとう助かるやうになったのでせう」といっているが、とにかく榎本は助かって、新政府にはいって出世したのである。その助命運動をしたときに、諭吉は後年の榎本を予想していたというが、そういうことがあったから、瘠我慢の批判は榎本にもおよんだのである。

「一本の筆を振り廻して」

さて、諭吉が、ヨーロッパから帰国後に著述したものは、慶応元（一八六五）年閏五月脱稿の「唐人往来」（当時出版せず、明治三〇年その時勢にあうように綿密に加筆訂正して「福沢全集緒言」にいれた）、同二（一八六六）年一一月末か一二月初めころの刊行の『雷銃操法』巻之一、同年一二月六日刊行の『西洋事情』初編がある。

「唐人往来」は、攘夷論のさかんな当時にあって、「一本の筆を振り廻して江戸中の爺婆を開国に口説き落さん」として書き綴ったといわれ、出版はしなかったが、これを写して、いろいろの人に与えた数も随分多かったという。「福沢全集緒言」(全集第一巻)に収録されているその部分は、全文で一一ページばかりの短いものである。この「唐人往来」は、次のように評価されている。未だ「平等」とか「権利」の観念が明確にされてはおらず、国家平等の観念もなお体系的構成をもって展開されるには至っていない。しかし、それはともあれ、華夷思想は、すでに完全に克服され、近代的国際観念が明確に展開され始めたといって間違いない、と(『近代日本政治思想史1』所収、松本三之介、「対外観の転回」)。

この文では、諸国家を拘束する超越的・普遍的規範の存在と国家の権利における平等とが強調されていると同時に、国際的な相互交流と親善が力説されている。「元来外国人の日本に来たる趣意は、最初にも云へる如く日本国を盗み取りに来たではなし、各国より当前《あたりまえ》の礼義を以て使者を差遣わし既に条約も取り結びたることなれば、隔意なく附合ひ篤と其意を察して、(中略)此方よりも世界普通の道理に従て益々信実を尽すべし」。清国のアヘン戦争(一八四〇〜四二)は、「林則徐《りんそくじょ》と云ふ智慧なしの短気者が出て」「うもすも言はず英吉利より積渡りたる阿片を理不尽に焼捨て」たためにイギリスも立腹して戦争となり散々に痛めつけられたのである。「今日に至るまで世界中に英吉利を咎むる者はなくして唯唐人を笑ふばかりなり」。それに引きかえ、ポルトガルという国は弱い国だけれども、「古来よりの政事正しく外国と交るにも実意を尽して不都合なき故」、やはりヨーロッパ中で各国と肩をならべて交際しても少しもひけをとらない。「道理を守るものは外より動かしやうもなし。若し理不尽に之を攻取らんなどするものあれば必ず之を救ふものあり」と。諭吉には、このような見解があって、維新期における植民地化の危機を認めない態度が生じていた。

「唐人往来」の視点

ところで、この「唐人往来」については、次のような別の見方がなされている。一、西洋化が日本の課題として提示されたこと。二、西洋文明こそ「世界の道理」の体現者であるとみなされたこと。三、西洋化の内容は幕府による「交易」と「西洋武術」の移植を中心とした富国強兵であること。四、開国・西洋化に反対する攘夷論こそが最大の敵と目され、幕府の開国策や安政条約の不平等性などに関する批判的視点が全くみられないこと。五、開国にともなう物価騰貴などの問題にも底抜けに楽天的な態度が示されていること。

以上幕末日本民衆が当面した諸困難に全く盲目であった。ここでいわれる「世界の道理」は、国際関係の次元にとどまったものであり、攘夷論の独善性を、「時勢」の論理で批判する性格のもので、西洋近代文明によって立つところの人間観・社会観の理解にもとづいて「世界の道理」が説かれているのではない。そうした主張からは、政治・社会制度の変革という問題にまで展望することはできない。

諭吉の洋行の成果が、この「唐人往来」にかかわっている点といえば、ヨーロッパ世界における勢力均衡の現実が、何よりも彼の主張を支えていたのである。諭吉の国際関係理解からは、体制変革の論理は生み出されないことになる(ひろた・まさき『福沢諭吉研究』第二章)。

参考までにあげれば、この「唐人往来」とならんで、国際的な相互交渉と国家の権利における平等とが、力強く謳《うた》われているものに、わずか一六行ほどの小文であるが、西周の『万国公法』の上表、「上万国公法訳本表」(慶応二年一二月二八日付)がある。これは、西周がオランダ留学中にフィッセリングからうけた国際法の講義を翻訳して幕府に提出した『万国公法』に、この上表をそえて進献したはずのものである。慶応四(明治元、一八六八)年、この書の民間版が刊行されたとき、その巻頭に記され、当時名文と称されたという。

同じく慶応二年(あるいはその前年かも知れない)、幕府の開成所が訓点をつけて翻刻したアメリカ人恵頓《ウイートン》原著・丁題良《ウイリアム＝マーテイン》漢訳の『万国公法』とともに、国際法の観念の導入・普及に重要な役割を果たしたものである。

次に『西洋事情』について記す順序であるが、これは、その「二編」が、明治三(一八七〇)年初冬に刊行されるので、諭吉の第三回の洋行のあとで論ずることとする。

4　二度目の渡米と『西洋事情』

軍艦受け取りのために

慶応二(一八六六)年一一月、諭吉は、幕府の軍艦受取委員の一行に加わり、アメリカに行く内命をうけた。今回のアメリカ行きも、諭吉が頼み込んで委員長の小野友五郎に随従してゆくことになったのである。小野は勘定吟味役といって勘定奉行の次席であった。さきにアメリカ公使に前金を渡して購入を頼んでおいた軍艦を受け取るのと、鉄砲を買ってくるのが用向きであった。したがって、海軍士官が加わっていた。慶応三(一八六七)年一月二三日、横浜を出帆した。「慶応三年日記」(全集第一九巻)は、このときのものである。

このときには、太平洋の郵便船が、初めて開通した年で、その第一便として来たコロラド号というアメリカ船に乗ったのである。この前のときの小さな咸臨丸とちがい、コロラド号は三七〇〇トンの大船で、船中の一切万事は、実に極楽世界で、二二日目にサンフランシスコに着いた。二月一六日のことである。

それからパナマ地峡を汽車でこえて、大西洋岸に出て、ニューヨークに着いたのが、三月一九日、さらにワシントンに着いたのが同月二四日であった。

ここで、アメリカの外国事務宰相に謁見し、独立宣言の本文草稿を見たりしている。そして、アナポリスの海軍局、ワシントンの海軍局で船を調べ、ストーンウォールという船を購入することが決まった。これがのちの東艦である。そのほか小銃も買い入れている。このとき、さきに先方に預けておいた金が余ったのでアメリカ政府に預けて帰国したが、実際に船が日本に着いたのは維新後で、明治政府は、すでに代金を払ってあるのを知らずに、二重払いをしてしまったという。これについて福沢は「何処にドウなったか、二重に金を払ったことがある。亜米利加人が取る訳けはない、何処かに舞込んで仕舞ふたに違いない」と自伝に記している。なんとアメリカ人を信頼していることかと、あきれるくらいである。

諭吉は、滞米中に、ウェーランドの経済書、クワッケンボスの窮理書、文典、米国史、パーレーおよびグードリッチの万国史、英国史その他、地理、法律、数学などに関する原書を多数購入してもち帰った。原書の購入は、出発前から十分に計画を立てていたのである。彼は幕府から支給された金をそのまま投入したばかりでなく、あらゆる算段をして調達していった金は、約二〇〇〇円といわれている。和歌山藩の塾生たち一〇名ばかりから二〇〇円ほど預かったとか、仙台藩から預かった多額の鉄砲購入用の金を、江戸詰めの役人とかねて相談のうえ原書の購入にあてたという話もある。

諭吉が購入した書籍の主力をなしたものは教科書類であった。こののち義塾では、何十人という塾生の各人に版本をもたせて授業をするようになり、そのために従来の教授法に一新紀元を画したものであった。また原書が一時に多量に輸入されたために、わが国における原書の相場が暴落したといわれる。

小野友五郎一行は、購入した軍艦に乗り組む乗員を残して、慶応三年の五月一〇日、ニューヨークを出帆し往路を逆にたどって、六月二六日、横浜に帰着した。約五か月の旅行であった。

謹慎と自信と

諭吉は、委員長小野友五郎、副委員長松本寿太夫の両人との不和のため、外国奉行から謹慎を命ぜられ、書籍の荷物は差し押えられた。ことの真相は、滞米中の洋書購入をめぐる手順の行き違いと感情のもつれにあったらしい。

謹慎を命ぜられて自宅に引き籠ったのが七月一四日、解除されたのは一〇月のことで、幕府へ出勤したのは一〇月の下旬である。慶応三年という年は政局の変転がはげしい。この一〇月一五日、徳川慶喜《よしのぶ》は大政奉還を行っている。諭吉は、この謹慎中に、『西洋旅案内』を著した。『条約十一国記』の脱稿もこの九月下旬であり、その刊行は一一月であった。『西洋衣食住』の刊行は、この年一二月であった。

『雷銃操法』(巻之一)は、その前年の慶応二(一八六六)年九月に脱稿し、同年一一月ないし一二月の刊行で、謹慎とは関係ないが、売れ行きのよかったものである。それは、第二次長州征伐のとぎ、長州軍が幕府軍を苦しめて注目されたライフル銃の使用法を説明したものである。その後、巻之二が明治元(一八六八)年夏以降、さらに、巻之三は、明治三(一八七〇)年に刊行された。

『西洋事情』(初編)も、よく読まれ、土佐藩主山内豊信が将軍に大政奉還を勧めたときには、すでに慶喜はこれを読んでいたという。外編は、同じ慶応三年の一二月に脱稿した。

この「謹慎」は、諭吉の思想にどんな影響を与えたのか。これによって、政治への嫌悪、政治への恐れ、その政治から何歩か退いた立場から啓蒙評論する、そこに「分を守り読書一方に勉強」するとの処世の立脚点を見出した(慶応三年一二月一六日、福沢英之助宛書翰)。慶応四(一八六八)年一月三日、伏見鳥羽の戦いにより戊辰《ぼしん》戦争が始まる。諭吉は三月四日、幕府より御使番に任ぜられたが病気と称して出仕しない。四月には塾を鉄砲洲から芝新銭座に移して新築し、慶応義塾と称した。そして授業料の制度を始め、毎月生徒から金二分ずつを納めさせることにした。この移転は、鉄砲洲が外人居留地になるため、有馬藩の中屋敷が売りに出ていたのを買ったもので、代金三五五両の支払いは、前年の一二月二五日、幕兵が江戸薩摩藩邸を襲撃した日に済ませている。閏四月には、新築費一〇〇〇両の借財のために『西洋事情』外編の草稿・版木とも一〇〇〇両で売るべく買い手を探している。これには塾の経営、教育への情熱が示されていた。

五月一五日、上野に彰義隊の戦いがあったときにも、慶応義塾は砲声を耳にしながらも規定の日課をやめなかったという。福沢がウェーランド経済書の講義を行い、「この塾の有らん限り日本文明の命脈は絶たれない」と塾生をはげましたことは周知のことである。

このように、諭吉が幕府に御暇願を提出し、新政府の出仕の命をも辞退して、読書と教育に打ち込む決心を支えたものは、謹慎中に著訳書の売れ行きが好調であったことから得た自信であった。六月七日の山口良蔵宛の手紙には、今後は読書渡世の一小民となって翻訳請負の仕事を始める覚悟を決め、翻訳料金を決めたことを記している。

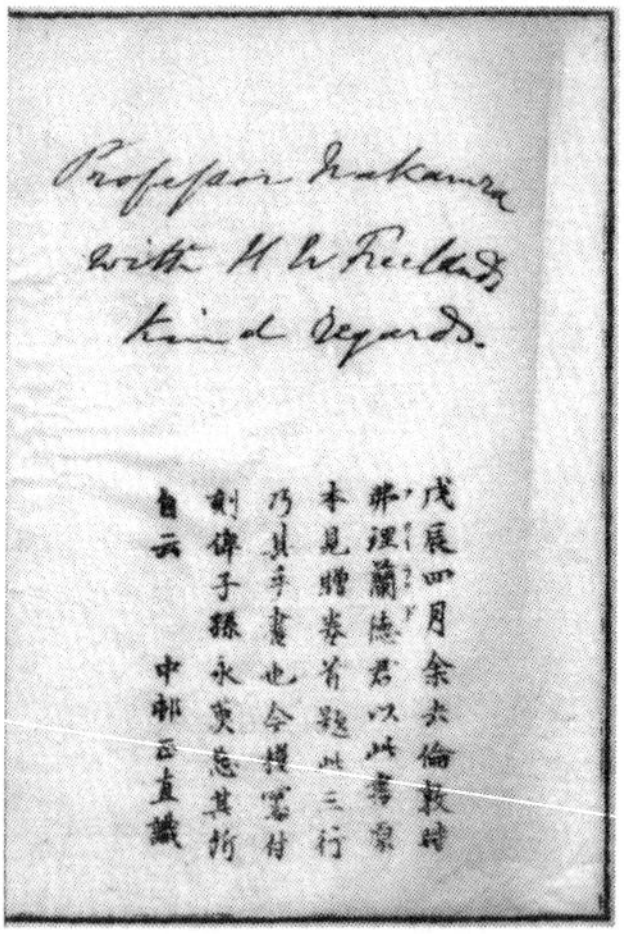
Professor Nakamura
with H. W. Freeland's
kind regards.

戊辰四月余去倫敦時
弗理蘭徳君以此書冊
本見贈并著題此三行
乃其手書也今模寫付
刻俾子孫永寶其折
自云　中邨正直識

『西国立志編』の第2頁の
英文の入った頁

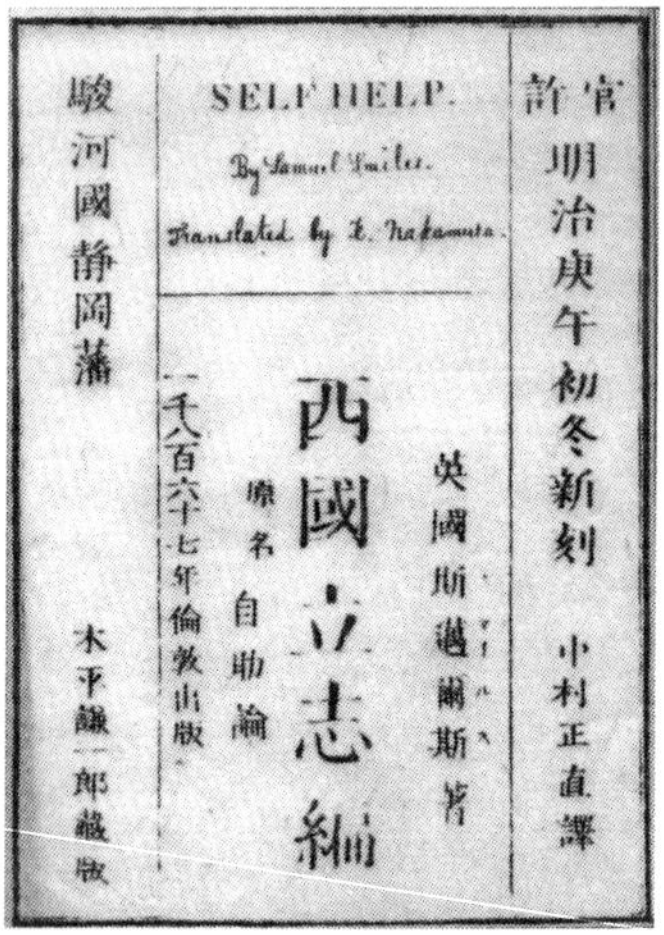
官許　明治庚午初冬新刻　中村正直譯

SELF HELP.
By Samuel Smiles.
Translated by M. Nakamura.

英國斯邁爾斯著
西國立志編
原名自助論
一千八百六十七年倫敦出版
木平讓一郎藏版
駿河國静岡藩

『西国立志編』の扉

明治のベストセラー

さて、明治のベストセラーとして、中村正直の『西国立志編』、内田正雄の『輿地誌略』とともに称せられた『西洋事情』は、前述のように、文久辛酉《しんゆう》の年にヨーロッパ旅行で見聞したことのうち、日本に帰り西洋出版の原書を読んでも理解できず、辞書を見てもわからない事柄のみを目的として筆記した見聞メモ、すなわち「西航手帳」をもとに編集したのである。そこでは、西洋の科学技術の高さだけでなく、それを可能にする社会組織に、また「文学技芸」よりも「政治風俗」に関心が注がれていた。

それは、初編三冊、外編三冊、二編四冊より成り、それぞれ、慶応二(一八六六)年、同三(一八六七)年、明治三(一八七〇)年の刊記がある。ただし、外編が実際に発売されたのは、慶応四(一八六八)年のことである。明治六(一八七三)年三月、『西洋事情』全一〇巻が一揃いの新版となり、出版元も慶応義塾出版局に改められた。全一〇冊揃いとして発売されたと思われる。諭吉がみずから記しているように、彼の著訳書中もっとも広く世に行われたのみならず、もっとも影響力の強かったものの一つである。

初編の目次は、巻之一に「小引」と「備考」とあり、「備考」は、政治・収税法・国債紙幣・商人会社・外国交際・兵制・文学技術・学校・新聞紙・文庫・病院・貧院・唖院・盲院・癲院・痴児院・博物館・博覧会・蒸気機関・蒸気船・蒸気車・伝信機・瓦斯《ガス》燈・付録となっている。巻之二以下は国別になっていて、合衆国・荷蘭《オランダ》・英国で、それぞれ史記・政治・海陸軍・銭貨出納に分かれ、英国のみ「付録」が余分についている。

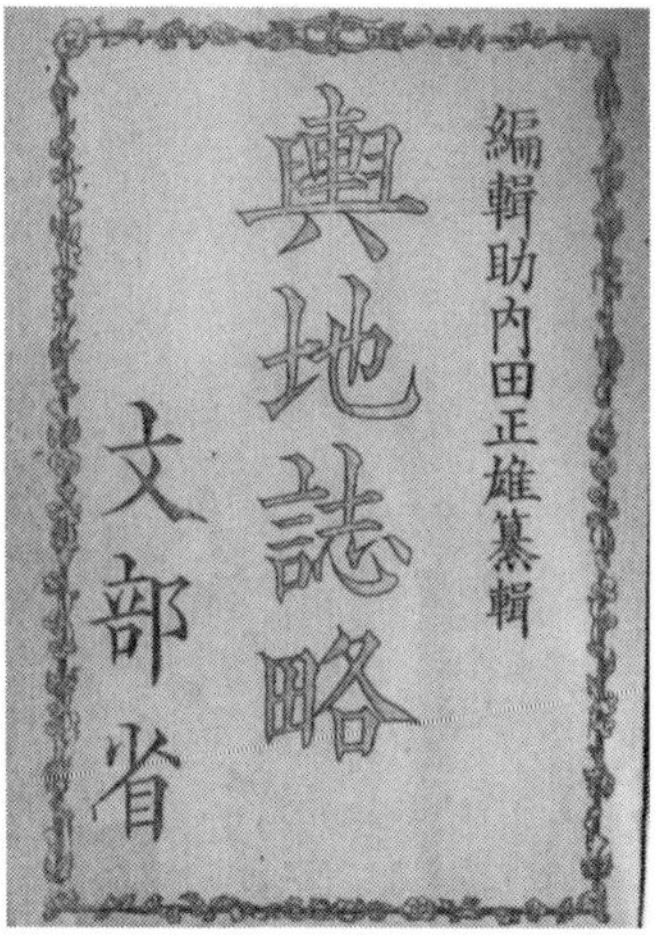

『輿地誌略』の表紙

「外編」は、初編当時の構想を変更して、イギリスのチェンバーズ版『経済読本』の前半の「ソーシャル-エコノミー」の部分を翻訳し、他の諸書から抄訳して、西洋の社会事情一般の説明を行っている。「巻之一」は、人間、家族、人生の通義及其職分、世の文明開化、貴賤貧富の別、世人相励み相競ふ事、「ワット」の伝、「ステフェンソン」の伝、人民の各国に分るゝことを論ず、各国交際、政府の本を論ず、となっている。

「巻之二」は、政府の種類、国法及び風俗、政府の職分。

「巻之三」は、人民の教育、経済の総論、私有の本を論ず、私有を保護する事、私有の利を保護する事。

「二編」は、「巻之一」が、人間の通義、収税論、「巻之二」以下が、魯西亜《ロシア》、仏蘭西《フランス》の二国についてで、それぞれ、史記・政治・海陸軍・銭貨出納となっている。

この『西洋事情』は、その「初編」が出版されたときには、すでに徳川慶喜が読んでいるし（慶喜は写本のものを読んでいたのかも知れないと松沢氏はいう）、また五か条の誓文の起草者として有名な福岡孝弟《たかちか》は、「真ニ新政体組織ノ参考トナルベキハ、唯ダ西洋事情ノミ。今ヨリ考フレバ、大胆ナルガ如ク、マタ無謀ナルガ如キモ、実ニ一編ノ西洋事情ヲ模範トシテ、大政一新後ノ新政体ヲ定メタルナリ」と回想している。

思想の原型

しかし、それほど影響力の大きかったこの書も、現在では福沢の著書中、おそらくもっとも読まれない書の部類にはいってしまったと思われる。それは、この書が歴史的な使命を終わって、完全に過去のものとなってしまったためにほかならない。それにもかかわらずこの書は、思想家としての諭吉の思想の方向を基礎づけたものとして、見逃すことのできない重要な性格をもっている。それは、後年の『学問のすゝめ』以下の著作に現れた彼の思想の原型が、すでにこの書の訳述のなかに、多く見出されるからである。伊藤正雄氏は、このような観点から、『西洋事情』の福沢思想史上における重要性を、その著『福沢諭吉論考』において指摘している。

例えば、かの『学問のすゝめ』初編の冒頭に喝破《かっぱ》された「天は人の上に人を造らず、人の下に人を造らず」という人権平等の宣言は、ジェファーソンの起草によるアメリカの「独立宣言」のはじめの一節にヒントを得たところが多いと思われるが、この宣言は、すでに『西洋事情』初編巻之二の亜米利加合衆国のところに、その全文が訳載されている。その要点をのちに簡潔に意訳して、「天は人の上に云々」という一代の名セリフを生み出したのであろうと木村毅氏らは推測している。

また、「人権平等」の観念と一体をなす「個人の自由」の概念も、封建思想のしみ込んだ当時の日本人の頭には、なかなか正しく理解されなかったので、福沢は『西洋事情』初編の巻之一「政治」と、二編の巻之一「例言」と、この二か所で、西洋の「自由」の真義を丁寧に説明している。「人人互ニ相妨ゲズ、以テ一身ノ幸福ヲ致スヲ云フナリ」という自由の意義、自由と我儘《わがまま》とはちがうということを、後年の著作にも反復強調している。

『西洋事情』全一〇冊のうちでも、とくに思想的に重要なのは、「外編」三冊と、「二編」全四冊中の第一冊（巻之一）とである。「外編」三冊は、全編イギリスのチェンバーズ版『経済読本』の前半の翻訳であり、「第二編」巻之一は、イギリスのブラックストンの『法律書』およびアメリカのウェーランドの『経済学要論』のそれぞれ一冊の翻訳である。これら原書の思想が、後年の福沢の著作のなかに、彼自身の思想として再生産され、文章までもそれらの訳文を染め直して用いられた場合が、きわめて多い。なかんずく、チェンバーズ版の『経済読本』とウェーランドの『経済学要論』とは、もっとも重要なもので、福沢の自由主義、民主主義思想の形成が、これらの書に負うところが大きいことは疑うことのできない事実である。このように伊藤氏は記している。

チェンバーズの啓蒙書

この「チェンバーズの経済書」というのは、スコットランド、エディンバラの出版業者ウィリアムおよびロバート・チェンバーズが、『チェンバーズ教育課程』と題して刊行した叢書のなかの一冊で、『学校用及び家庭教育用経済学』というものである(このチェンバーズの刊行した『百科全書』も文部省によって翻訳刊行されている)。その著者は誰であるかわからない。この書の著者は、本来の経済学、すなわち、ポリティカル・エコノミーを論ずるにさきだって、まず、社会経済、ソーシャル・エコノミーについて述べる。いわゆる社会経済は、これまで等閑にされてきた学問であって、人々がいかにして社会秩序と善政に向かわせられるかに関するものである。この「チェンバーズの経済書」が、他の類書と比べて特色のあるのは、主として、この社会経済の論述である。諭吉は、この特色ある部分だけを翻訳し、本書の後段、すなわち純然たる「ポリティカル-エコノミー」に関する部分については、その内容のほぼ似ている神田孝平訳の『経済小学』(原著者ウィリアム・エリス、神田のはオランダ語本からの重訳)を利用したのである。エリスはJ・S・ミルと近い哲学的急進主義のグループの一人である。イギリスで一八三〇年代から六〇年代にかけて現れた多くの安い雑誌や軽装ないし分冊形式の啓蒙書・百科全書類は、自由主義や急進主義の信条が、暮し方や生活の技術という形をとった民衆版だったといえよう。チェンバーズ兄弟は、こうした啓蒙書の出版で、もっとも成功した新しい出版企業として確立するに至ったのである。

諭吉が『西洋事情』にその訳文を載せた経済書の原本は、上記の年代における児童教育ないし教化のための教科書であった。チェンバーズは、新しい社会主義的攻勢に対して、古い資本主義的社会を防護するために、この書を編集した。おそらくは、末流自由主義経済学者の一人であったろうと思われるこの書の著者は、経済原則を物理法則と同じく事物の本性から生ずるものとみた。そうして、その立場から、著者は、社会主義のような新しい社会組織形態を提唱する者が、「人間の本性に関する真の見解から見て是認できない一定の仮定」に基礎をおくのを常としていることを教えようとしたのである。

富の科学

これに対して諭吉は、旧封建社会とその観念形態を破壊し、新しい資本主義社会を建設するために、その原理を示そうとして、この書を訳した、ただし、諭吉は、のちチェンバーズの影響から、しだいに脱却するようになる(全集第一巻付録、高橋誠一郎「チェンバーズ経済書」)。

諭吉が『西洋事情』二編(巻之一)に載せた「収税論」は、フランシス・ウェーランド(一七六九

〜一八六五）の『経済学要論』のなかの、「公経済消費について」の章をほとんど完訳したものである。この『経済学要論』は、明治六（一八七三）年になっても、同じくウェーランドの手になった要略版とともに義塾の教科書として用いられていた。この要略版は、やはり、チェンバーズのきわめて通俗的な百科全書（チェンバーズ・インフォーメイション・フォア・ザ・ピープル）のアメリカ版の「経済学」の項に収められているという。このフランシス・ウェーランドは、ニューヨーク生まれの、ユーニオン・コレッジ出の聖職者である。その初期の著作『布教事業の道徳的尊厳』（一八二三）は、その方面の古典として、ながく欧米の宗教界に行われた。一八二七年、ブラウン大学総長に迎えられ、その学制改革に成功した。彼みずから、心理学・経済学・倫理学その他関係学科の講義を行ったが、一八三七年の『経済学要論』は、この講義を基礎とするものである。そのころ、アメリカでは、大学の教師に聖職畑の人が多く、経済学も道徳哲学の一分野として講ぜられる風であった。彼は、この書を、「それを手にすれば誰にでもわかるように」書いたといっているが、アメリカで教科書の形で著された最初の書物であったから、はじめからひろく読まれた。諭吉がアメリカで購入した一八六六年版は、発行部数四万と記されている。ウェーランドはいう。経済学は富の科学であると。彼にあっては、「科学」とは、「神がうち立てて、人間に啓示せられたかぎりの法則を系統的に整理したもの」

というのであった。あらゆる富は、神がわれわれの周辺にお置きになった素材と、人間の勤労の結合したものである。神は「あなたの額に汗してあなたのパンを食べなさい」といわれた。労働は本来楽しいものである。神は勤労に豊かな報酬があるよう配慮された。神が全人類に与えられた配分が、あらゆる富の蓄積、あらゆる文明の進歩の基礎である。これが、ウェーランドの思想である。このような人物の著書を、諭吉は、「再三再四復読（中略）毎章毎句耳目に新たならざるものなく、絶妙の文法、新奇の議論、心魂を驚破して食を忘るる」有様であった（『福沢諭吉全集』第七巻付録所収、三辺清一郎「ウェーランド経済書」より）。

諭吉は、一般に、晩年を除いては宗教を排斥したといわれているが、『経済学要論』は、キリスト教に裏づけされた経済書であったことは、福沢研究にとって重要な意味をもっているといえよう。

諭吉は、『学問のすゝめ』を草するときにも、このウェーランドの著書『修身論』（モラル・サイエンス）を参考にしたのである。

西村茂樹と福沢諭吉の出会い

西村家は佐倉藩（一一万石の譜代大名）の家臣である。西村茂樹が仕えた当時の藩主は堀田正睦で洋学を奨励した藩主である。西村茂樹は、洋学者として著名な手塚律蔵の洋学塾、本郷元町にあった又新塾に入門し、蘭語と英語を学んだ。この手塚の門下からは、多くの俊才有為の士が輩出した。長州の木戸孝允も手塚門下の一人であった。また、西周・神田孝平は、ほとんど門下同様であったといわれ、『輿地誌略』の著者内田正雄や佐倉藩の大築尚忠も門下生であった。茂樹は元治元年のころより蘭学から英学に転じてゆく。

嘉永六（一八五三）年、佐倉藩の支藩佐野藩（一万三千石）の「附人」となり、のち「年寄役」（大名を補佐する最高の職制）となった。その後、本藩佐倉藩の「年寄役」となった。また、蘭語・英語・ドイツ語の三か国語に通じた洋学者として、多くの翻訳書を出版した。

明治六（一八七三）年八月、前駐米代理公使森有礼に面会を求められ、茂樹は森の依頼をうけて明六社員の人選を行った。福澤諭吉は、そのときに明六社員に推薦されたのである。これが両人の最初の出会いであった。

西村は、佐倉藩・佐野藩の年寄役の経歴があるうえに、三か国の外国語に通じていた。福沢諭吉は、英語に堪能な民間の著述家であり、出版業者であるということで、両人の経歴は対照的であった。諭吉は、明治二（一八六九）年一月書物問屋組合に加入し、「福沢屋諭吉」という出版業を創めている。そのうえ、慶応四（一八六七）年四月、従来から経営していた洋学塾を新銭座に塾舎を新築して移転し、塾名を「慶応義塾」と定めた。授業料を定めて徴収し、学校経営に力を注ぐ(慶応四年七月、「慶応義塾之記」)。明治四年、さらに三田に塾を移転した。

西村は、明治八(一八七五)年三月一六日、「賊説」という演説をしている。西村は次のようにいっている。政治的対抗者である「敵」と、道徳的背反者である「賊」とは区別すべきであると。これは明治政府が、朝敵に対して、これを「賊」と呼ぶことの誤ちを指摘したものである。

この「賊説」は、秩序に関する理解の転換を論じる意味をもっているのであるが、明六社同人には、このような考え方は共通に存在していた。西周は「受敵論」(『明六雑誌』第一六号)掲載)を記している。福沢諭吉は、「多事論争」こそが、自由の気風を成長させて、文明の発達を可能にするうえで、不可欠の前提と考えていた(『文明論之概略』参照)。中村正直も「新見異説」や「衆異」の尊重が人間の進歩にとって必要であると考えていた(「自助論第九編自序」)。阪谷素「尊異論」(『明六雑誌』第一九号)は、「異ノ功用最モ大」であることを指摘している。

このような相対主義的な見解に対して、西村の主張は、当時において現実に存在している事態に対して、その誤ちを指摘し、これを廃止すべきであるというものである。西村は、明治一一年においてもなお、明治政府が旧会津藩の人々に圧迫を加え、彼らを援助していた西村茂樹に対しても圧迫を加えたのである。

西村は、森有礼から明六社員の人選を依頼されたと同じ理由から、文部省に採用された。西村は明六社設立の直後、明治六年一一月二四日、文部省五等出仕に補せられ、同省編書課長勤務となった。当時は、廃藩置県後に新しく発布された「学制」の施行にともない、中学校・小学校用の各種教科書を必要とする時期であった。そこで文部省はこれらの編纂事業を急ぎ、西村を課長としてその局にあたらせたのである。これは森有礼の推挙によるものと推測されている。『泊翁西村茂樹伝』は、そのように記している（『上巻』の三七八頁）。

文部省は明治一〇（一八七七）年一月に官制の大改革があって、この時以後は主として教科書編成にのみしたがうことになった。しかしそれまでは、教科書における文章と仮名遣との一定、学術上の言葉と外国の地名、人名の一定をはじめとして、日本歴史の叙述、辞書の作成、エンサイクロペディアのようなものを完成すること、大学における教授をも日本語でできるように適当の書を作成すること、等々の事業につとめていて、諸種雑多、異種異様の観を呈していた。その多忙なることはほとんど出版書肆と同様の状態にあった。それを担当するのに適した人材として西村が採用されたのである。西村の経歴、すなわち佐倉藩ならびに支藩佐野藩の「年寄役」としての識見・教養、ドイツ語・英語に堪能なこと、編集の力量など、文部省にとっては、西村を必要としたのである。

III　啓蒙と出版と

1　維新前後

「読書渡世の一小民」

慶応四（一八六八）年四月、江戸城は無血開城し、徳川幕府は名実ともに消滅した。徳川家達《いえさと》が駿府七〇万石の大名に封ぜられ、徳川氏は一大名として存続することが決まったあとで、諭吉はいっている。

「徳川家へ御奉公いたし不計《はからず》も今日の形成に相成《あいなり》、最早武家奉公も沢山に御座候。此後は双刀を投棄し読書渡世の一小民と相成候積、左様御承知被下度候」（慶応四年六月七日、山口良蔵宛書翰、全集第一七巻)。

同年八月、幕臣退身の許可がおりて、ここに彼は、士籍を脱して平民になった。ときに年齢三三歳であった。

これよりさき、諭吉の幕府ならびに尊攘論者に対する見解は、次のように時局の推移とともに変化していった。慶応三(一八六七)年、徳川慶喜が幕政改革に着手したとき、諭吉がこれに大きな期待を寄せたことは、すでに記した通りで、同年一月七日付の遣英留学生取締の川路太郎・中村敬輔(正直)の両名に宛てた書翰によって知られる。

ところが、同年一二月一六日付、福沢英之助に宛てた手紙では、「昨年は御承知の通り余程開化に赴くべき様子に有之候処、近日は少し跡戻りの形勢にて筒袖もあまり流行不致候」というように幕政に批判的態度を示している。

さらに追記していう。「尚々《なおなお》当時は日本国中の大名、銘々見込を異にし、薩土芸宇和島等は、王制《ママ》復古、京師に議政所を立べしと云ふ。紀州其外御譜代御家門の面々は、寧ろ忘恩の王臣たらんより全義の陪臣たらんと云ふ。薩土の義論公平に似たれども、元来私意より出でし公平論なれば事実行はれ難かるべし。御家門御譜代の面々奮発せんとすれども、内実力なし。如何にも恐入候御時勢に御座候。小生輩世事を論ずべき身にあらず、謹て分を守り読書一方に勉強いたし居候」。

この手紙は、一〇月二四日の大政奉還、一二月九日の王政復古のすぐあとで書かれている。諭吉はこの手紙と、さきの幕政改革に期待を寄せた手紙との中間の慶応三年一月、三回目の洋行に出発する。それは、幕府軍艦の受け取りに渡米する正使勘定吟味役小野友五郎の随員として、今回もまた頼み込んで行くことになったのである。前述のように、このとき、渡米中の行動に不都合があったとの理由で、帰国後の七月から一〇月までの間、謹慎を命じられた。遠山茂樹氏は、この謹慎が原因になって、〈幕政への期待〉→〈政治からの逃避〉という心境の変化が生じたと推理している。政治への嫌悪、政治への恐れ、その政治から何歩か退いた立場から啓蒙評論する、そこに分を守り読書一方に勉強したいという処世の立脚点を見出したとするのである。

この謹慎と逃避の生活のなかで翻訳と著述に専念した。著書の売れ行きはよかった。塾も新銭座に移し慶応義塾と名づけ、授業料を定めて徴収し、学校経営に本格的に身をいれるようになった。ここに徳川の家臣を退き、同時に新政府からの出仕命令も拒否する。徳川家臣、新政府役人、ともに辞退することによって、武士としての政治へのかかわりあいを諦めたことの重要性が指摘されている。そうして、「読書渡世の一小民」としての任務の自覚が出てきたという。

さらに、慶応四年七月の、「慶応義塾之記」、「中元祝酒之記」（ともに全集第一九巻）には、その任務への積極的な姿勢が示されている。

「一身独立」

天下の禍福は、国民一般の知愚にかかわる。その国民のための一般教育、とくに児童婦女子の教育をめざして著された最初の書が、明治二（一八六九）年刊行の『世界国尽《くにづくし》』（全集第二巻）であった。諭吉は、このような時期における新政府に対する心境を、その『福翁自伝』において次のように語っている。

幕府は表面開国を主張してもその実は攘夷がしたくてたまらない。「然らば則ち之に取て代ろうと云ふ上方の勤王家はドウだと云ふに、彼等が代ったら却てお釣の出るやうな攘夷家だ。コリャ又幕府よりか一層悪い。」「ドチラも頼るに足らず、其中にも上方の勤王家は事実に於て人殺しもすれば放火《つけび》もして居る、其目的を尋ねて見ると、タトヒ此国を焦土にしても飽くまで攘夷をしなければならぬと云ふ触込みで、一切万事一挙一動悉《ことごと》く攘夷ならざるはなし。是れこそ実に国を滅す奴等だ、こんな不文明な分らぬ乱暴人に国を渡せば亡国は眼前に見える、情けない事だと云ふ考が始終胸に染込んで居たから、何としても上方の者に左袒《さたん》する気にならぬ

（全集第七巻）。

こうして福沢は、明治元（慶応四、一八六八）年六月京都の新政府からの招きを拒絶したのである。

明治二（一八六九）年、イギリス王子「エッヂンボルフ」が来朝し、七月二八日、江戸城に参内した。ところが新政府は、このとき二重橋で王子に対し潔身の祓《はらい》を行ったのである。六月一七日版籍奉還が聴許されたあとでも、この有様であった。またアメリカの前国務卿で日本びいきの人であったシーワルトという人も日本の実際をみて、こんな根性の人民では気の毒ながら自立はむずかしいと断言したことがあるという。

「ソコデ私の見る所で、新政府人の挙動は都《すべ》て儒教の糟粕《そうはく》を嘗《な》め、古学の固陋《ころう》主義より割出して空威張りするのみ。顧みて外国人の評論を聞けば右の通り。迚《とて》も是れは仕方がないと真実落胆したけれども、左りとて自分は日本人なり、無為にしては居られず、政治は兎も角も之を成行に任せて、自分は自分にて聊《いささ》か身に覚えたる洋学を後進生に教へ、又根気のあらん限り著書翻訳の事を勉めて、萬が一にも斯民《このたみ》を文明に導くの僥倖もあらんかと、便り少なくも独り身構へした事である」（全集第七巻）。

彼が子供を外国人の奴隷にしたくないから、あるいは「耶蘇《ヤソ》宗の坊主にして政事人事の外に独立させせ」ようかと考えたのもこのときのことである。

このように福沢は、幕府滅亡後、新政府に期待をもてなかった。しかし、武士ではできない「読書渡世の一小民」としての任務に誇りをもって従事することになった。明治二(一八六九)年二月二日の松山棟庵宛の手紙(全集第一七巻)には、「一身独立して一家独立、一国独立、天下独立と。其一身を独立せしむるは、他なし、先づ智識を開くなり」と。そして、のちの『学問のすゝめ』を一貫する主張が、すでにこの手紙で論じられている。さらに、明治三(一八七〇)年一一月二七日記の「中津留別の書」(全集第二〇巻)には、「一身独立」とは、自主自由の天性を発揮することであるとしている。

学問とは、一国独立の基礎である一身の独立を達成するためのものである。これまで西洋の事情や欧米の学問の紹介にとどまっていたが、いまや人民の知識の開発に尽くすのが、方今の急務である。世の文明より一身の文明、一身の独立が大切だといい、人を治める君子の育成よりも、人に治められる小民の教育が基本だと勧める(「浜口儀兵衛宛」書翰、明治二年二月二〇日。「九鬼隆義宛」書翰、明治二年一一月六日、ともに全集第一七巻)。

「小民」の立場

小民の教育が基本だというこの考え方こそ『学問のすゝめ』の基調であった。『学問のすゝめ』『文明論之概略』の骨子は、すでに明治二、三年の頃に形成されていた。それが廃藩置県以降でなかったことに注目すべきである。既存の権力が解体し、しかもまだ新しい権力が樹立されていない時点が、福沢をして「小民」の立場に立ち、惑いなからしめたのであり、統一国家体制のできた明治四(一八七一)年以降には、思想の深化をみた反面、権力との関係で筋を通すことを困難にする事情が生まれてくる。遠山氏は、このようにいう。

これに対して、ひろた氏は次のようにいう。おそらく明治元年の時期は、彼にとって精神的にもっとも自由な時期であっただろうが、それはまた彼がもっとも臆病だった時期、極力外界との接触をさけた時期でもあったのである。「小民」の立場に立つことが、日本民衆を理解した日本民衆の立場に立つことを「惑いなからしめた」のではなく、外界をさけることであった。したがって、諭吉の可能性にとってきわめて残念なことには、彼が改めて世に打って出ようとしたとき、支配層のルートに連結せざるを得なかったことの意味が考えられねばなるまいと(ひろた、前掲書)。

諭吉が母を東京に引き取ろうとしたとき、姉たちが逆に諭吉を中津へ引きもどそうとした。

彼はこのときの東京にとどまる覚悟のほどを、簗《やな》紀平宛に書き送っている（明治二年六月一九日書翰）。

今度、母を迎えようとしたのは、まず家計の問題がある。徳川氏はすでに倒れた。諸大名も、藩知事と名称を改めたが、やがて消滅するだろう。これに加うるに外国勢力がある。「此時に当り人として天与の心身を全し、国内に居ては虚名の為めに米を喰はず、外国人え対しては毫《わずか》も其軽侮を受けず、不羈《ふき》独立、以て朝露の命を終らんとするには、心身の労苦を憚《はばか》らざるは勿論に候得共、亦随《したがっ》て一家の経済を勤め、質素倹約の一義を守らざるべからず」。ついては、家が東西二つに分かれていては無駄が多いし、また金銀に換えられない災難もあるかも知れない。だから東西の家族を合体し、「小生の身は固より勉強」、妻・母それぞれ役割を分担して、「一家団欒、共に倹約いたし候はゞ、天道人を殺さずの諺も有之、少々の家産も出来いたし、一家族の活計も安く、母の安心も出来可申、小生の死後とても小児等をしていやしき奉公抔不為致、読書の業に従事し人間の仲間に入り候義も出来可申哉と、私の心事は唯これのみに御座候」。もはや姉たちが考えているような武家奉公は存在できない。「町人百姓の目より見て御武家様と恐ね怖《(ママ)》しき武士も忽地に無産の流民たらん」。こうなると相手は、日本国人と自由の貿易を欲する外国人である。外国人と交わるにあたり、無産無学の者ははなはだしい軽侮をうける。

この日本国に生まれ、無縁の外国人から軽侮をうけ、快い者があろうか。「此れ即ち小生が大都会に居て、人に仕へず、一向一心に学問を勉る所以なり」と諭吉はいっている。

啓蒙主義への転回

ところで被治者すなわち人民の教育こそ立国の基本ということに着目したのは福沢だけではない。『西国立志編』の訳者中村正直とても同じである。ただ福沢は「方今世の中には治国の君子乏しきにあらず、唯欠典は良政府の下に立ち良政府の徳沢を蒙るべき人民の乏しきなり」という認識から、「治国の君子」の教育は他にまかせて、彼自身の任務を、小民の教育においたのである。そうはいっても、彼の著訳書の読者は、当面士族であった。さて、福沢が新政府に対する認識を決定的に改めたのは、明治四（一八七一）年の廃藩置県断行のころからである。彼はその晩年に回顧していう。

「政府の大膽政略以て廃藩置県の大事を断行し、却て学者社会の意表に出でゝ却て之を驚かし、更らに一言の言ふ可きものなからしめたるこそ、古今の一大盛事なれ。当時吾々同友は三五相会すれば則ち相祝し、新政府の此盛事を見たる上は死するも憾《うらみ》なしと絶叫したるものなり」（『福翁百餘話』一五「禍福の発動機」全集第六巻）。

しかし、廃藩置県よりさき、明治三（一八七〇）年一〇月、福沢は政府の当事者に進言したものの草稿と思われる「洋学私塾を奨励すべし」という文章を書いている（全集第二〇巻）。これによってみれば、すでにこのころ、文明開化を政府に期待する気持が生じていたとみてよいであろう。このころ、政府では、江藤新平のもとに民法典編纂に着手したり、工部省を設置して近代技術の導入に着手し始めるのである。

また、このころ、福沢は明治政府に出仕しなかったけれども、政府ないし東京府とは連絡があって、後述するように、義塾の敷地について、便宜を計ってもらったりしている。新政府の要職についた佐野常民は適塾の同窓であったし、また岩倉具視に面会して義塾のための助力を頼んでもいる。そして岩倉も好意的であったという。

明治三（一八七〇）年には、岩田平作という旧幕府海軍士官を明治政府に推薦《すいせん》しているし、同四（一八七一）年には、東京府の依頼により各種の原書から警察取締に関する部分を翻訳して差し出したものが「取締の法」である。ともに全集第二〇巻に収められている。

幕末洋学者たちの啓蒙主義者への転生過程を、もっとも鮮明に刻印したのは福沢諭吉であった。福沢は、慶応二（一八六六）年二月の段階では、「近来は世上不穏、動《やや》もすれば下より上を凌《しの》ぎ、国法を恐れざるの悪風流行」という下からの変動に対する危機感を示していた。それが、大政奉還・王政復古を経た同年末には「小生輩世事を論ずべき身にあらず」と政治からの退却を表明し、江戸開城・上野戦争を経た慶応四（明治元）年六月になると、「此後は双刀を投棄し読書渡世の一小民と相成候」と決意し、さらに翌明治二年の『世界国尽』に至るや、「諺に云く、災は下より起ると。抑災害下より起るときは幸福も亦下より生ず可し。然ば則ち天下の禍福は、其源蓋《けだ》し他にあらず、国民一般の智愚に係る」という認識を表明するのである。慶応三年には「災害下より起る」という認識しかなかった福沢が、維新動乱を経た明治二年に「幸福も亦下より生ず可し」と認識するに至ったとき、そして「国民一般の智愚」こそ「天下の禍福の源」とみるに至ったとき、彼は、まさに文明の先覚者として国民啓蒙の課題をかかえ込んだのであり、彼の第一の転回、啓蒙主義への転回が計られたのであった。そして、諭吉が本格的な啓蒙活動を始めたのは、『学問のすゝめ』（初編）を著述してからである。ひろた氏は、このように記している。

2 『学問のすゝめ』の意図

「同郷の友人に示さんがため」

『学問のすゝめ』（初編）は、明治五（一八七二）年二月に刊行されたが、跋文《ばつぶん》には、同四年末一二月の日付がある。末尾の端書には「余輩の故郷中津に学校を開くに付」学問の趣意を記して同郷の旧友に示すつもりで著したものを、印刷出版したものであると記している。著者名は、福沢諭吉と小幡篤次郎の共著となっている。

小幡篤次郎は、諭吉と同じ中津藩士であったが、諭吉と異なり、禄二〇〇石の上士の家に生まれている。慶応義塾では諭吉につぐ長者として社中の尊敬を集め、諭吉の事業の蔭には必ずこの人が大きな役割を果たしていた。諭吉が旧藩時代の身分格式の気風の強かった郷党の間に、新しい学問を普及させるために、小幡のような格式の高い家から出て、かつ人物識見ともに優れた温厚の学者を、中津市学校初代の校長として派遣したことは、きわめて適切な措置であった。この市学校を開くにあたって郷党に示すために綴ったこの小冊子の巻頭巻末に、諭吉と小幡との連名としたことは、やはりその辺の考慮から出たものと思われる（全集第三巻の後記）。

この初編の主張は、すでに諭吉が明治三（一八七〇）年に帰郷したとき、中津の「親族故友に諭示するの書」（「新聞雑誌」三七号）として記された「中津留別の書」などにも通じるものがある。この留別の書には、「学問をするには先づ学流の得失よりも我本国の利害を考へざるべからず」とあり、「内には智徳を脩《おさめ》て人々の独立自由を逞《たくまし》ふし、外には公法を守て一国の独立を燿《かがや》かし、始て真の大日本国ならす哉」と、国家独立のための洋学の急務を説いている。「願くは我旧里中津の士民」と呼びかけているが、この「士民」とは、身近の「親族故友」の「士」のことをさすのである。そして、はじめは「写本」として読まれたことも、読者の範囲が限られていたことを示している。『学問のすゝめ』（初編）も、はじめは、「旧く交りたる同郷の友人へ示さんがため」に綴ったものである。のち活版に付されて、ひろく読まれるに至ったが、最初の意図がひろく人民を対象にしたものでないことは記憶しておく必要がある。

諭吉がいう「士民」は、知識あることが条件になっている。例えば『福沢文集』（第一編は明治一一年、第二編は同一二年刊）には、「貧民教育の父」「小学教育の事」なる節があり、貧しい百姓にとっては、小学校の教育がどれほど無縁のものであるかを、貧農の実態を描いて説明している。このような貧農は、「士民」の「民」のうちにははいらないのである。諭吉にあっては、

「士民」に対する言葉として「百姓人力挽《ひき》」がある（一例として、「政府と人民」全集別巻。明治八年）。諭吉は、『学問のすゝめ』初編を刊行するとき、最初から、このようなパンフレットを叢書として刊行する意図は、もっていなかったように思われる。はじめは単独の一冊として出版したが、それが意外に売れ行きが良かったので、引き続き二編以下を続刊する考えになった。二編以下の刊行の間隔が、ほとんど一か月ないし三、四か月にすぎないのに、初編と二編との間には約二年に近い間隔があるのをみても、初編の成立と二編以下の刊行との間には、福沢の意図に相当の相違のあったことが察せられる（以上は、同上全集後記）。『学問のすゝめ』が刊行されてから、偽版が、現存するだけでも次のようにいくつかの県庁によって発行されている。

元中津県（偽版を刊行したらしく、写本がある。明治四年一二月）

愛知県版『学問のさとし』明治五年五月

飾磨《しかま》県版『学問のすゝめ』（飾磨県は、旧姫路・明石・竜野など一〇藩を含む区域）

小田県版『学問のすゝめ』明治五年六月（小田県は、旧岡山新田・足守・福山藩など一一藩を含む）

香川県版『学問のすゝめ』明治五年

文明開化政策にのって

このように、県庁で偽版を刊行するほど、各方面から注目され、その需要も多かったので、慶応義塾出版局では再版するに至ったのである。県庁や有志者が率先して、管下または旧藩地の人民にこの書を読むことを勧めたのは、当時政府の「学制」が発布されても、地方の寒村などでは容易に学校設立の運びに至らなかったので、教育勧奨のために、進んでこの書を読ませようとしたのであろう。またそうして設立された学校で、この書が教科書に採用されたのも当然の成り行きである。

ここにも、この『学問のすゝめ』が、政府の文明開化政策によく適合していたことが知られる。『学問のすゝめ』は一七編から成り、上記のように初編は、明治五（一八七二）年二月の刊行で、最後の第一七編は同九（一八七六）年一一月の刊行であり、四年九か月にわたっている。この発行部数は、毎編およそ二〇万として、一七編の合計三四〇万冊におよぶはずと諭吉はいっている。その影響力の大きいことが推測できる。しかし、全編の刊行に五か年近くもかかっていることから、全編の内容は、いくつかに区切って考察する必要がある。諭吉について次のようにいう遠山氏のような論者もあるほどである。

諭吉の思想家としての生涯の大部分は、彼の思想家としての敗退過程であったといえよう。

誰もがもっとも高い評価を与える『学問のすゝめ』と『文明論之概略』とのなかに、すでに敗退の第一歩がふみ出されていたと考えられる。彼の本領ともいうべき主張を積極的に提出したのは、せいぜい明治八、九年までの初期であり、そののち、とくに明治一四（一八八一）年以後は年を追って敗退が深まり、独立自尊の主張の内容は空虚になってゆくのであると。この敗退説については、諭吉が維新前後に逃避していたのは彼の本質から由来するものであるという、ひろた氏からの批判がなされている。

諭吉の思想の原点

『学問のすゝめ』（初編）は、「天は人の上に人を造らず人の下に人を造らずと云へり。されば天より人の生ずるには、万人は万人皆同じ位にして、生れながら貴賤上下の差別なく、万物の霊たる身と心の働を以て天地の間にあるよろづの物を資り、以て衣食住の用を達し、自由自在、互に人の妨《さまたげ》をなさずして、各安楽に此世を渡らしめ給ふの趣意なり」という宣言で始まることは周知のことである。

ついで「人は生れながらにして貴賤貧富の別なし。唯学問を勤て物事をよく知る者は貴人となり富人となり、無学なる者は貧人となり下人となるなり」といって激励する。

そこにいう「学問」とは、「古来世間の儒者和学者のいう『実に遠くして間に合わぬ』」学問は、さしおいて、「専ら勤むべきは人間普通日用に近き実学なり」とする。例えば、「いろは四十七文字」「手紙の文言、帳合の仕方、算盤の稽古《けいこ》、天秤の取扱等」、また地理学・究理学・歴史・経済学・修身学がそれである。諭吉は、修身学については、「身の行を脩め人に交り此世を渡るべき天然の道理を述べたるもの」といっている。そして、「右は人間普通の実学にて、人たる者は貴賤上下の区別なく皆悉くたしなむべき心得なれば、此心得あり後に士農工商各其分を尽し銘々の家業を営み、身を独立し家も独立し天下国家も独立すべきなり」という。

ところが、その次に「学問をするには分限を知る事肝要なり」として、「分限」が説かれている。「唯自由自在とのみ唱へて分限を知らざれば我儘放蕩に陥ること多し」。

またいう。「自由独立の事は人の一身に在るのみならず一国の上にもある」。日本も西洋諸国も「天理人道に従て互の交を結び、理のためには『アフリカ』の黒奴にも恐入り、道のためには英吉利《イギリス》、亜米利加《あめりか》の軍艦をも恐れず、国の恥辱とありては日本国中の人民一人も残らず命を捨てゝ国の威光を落さゞるこそ、」一国の独立であるとする。ここで清国人の外国排斥を非難し、「実に国の分限を知らず」と、きめつけている。それに比べて、新政府の外交内政を称賛して、「王制一度新なりしより以来、我日本の政風大に改り、外は万国の公法を以て外国に交り、内は人民に自由独立の趣旨を示し、既に平民へ苗字乗馬を許せしが如きは開闢《かいびやく》以来の一美事」というほどである。政府に対して不平を抱くことがあれば、「天理人情にさへ叶《かな》ふ事ならば、一命をも抛《なげう》て争ふべき」である。「是即ち一国人民たる者の分限」であるとする。

しかし、その次に、「唯天理に従て存分に事を為すべしとは申しながら」とあるのに注目する必要がある。さらに「凡そ人たる者は夫々の身分あれば」といい、「よく其身分を顧み、我身分を重きものと思ひ、卑劣の所行あるべからず」とさとす。「卑劣の所行」とは何かというと、「己が無智を以て貧究に陥り飢寒に迫るときは」「妄《みだり》に富る人を怨み、甚しきは徒党を結び強訴一揆など」をおこすことである。「愚民の上に苛《から》き政府あれば、良民の上には良き政府あるの理」「法の苛きと寛《ゆる》やかなるとは、唯人民の徳不徳に由て自から加減あるのみ」。まさに、政府と同じ立場から人民をさとしている態度なのである。

そうして文末のしめくくりに次のように記している。

「唯大切なる目当は、この人情に基きて先づ一身の行ひを正し、厚く学に志し博く事を知り、銘々の身分に相応すべきほどの智徳を備へて、政府は其政を施すに易く諸民は其支配を受て苦みなきやう、互に其所を得て共に全国の太平を譲らんとするの一事のみ。今余輩の勧る学問も専らこの一事を以て趣旨とせり」。

現在、諭吉について、研究者たちによって、この初編より数年後における諭吉の自主独立の主張に関して、その転換の質的変化やその時期が論じられているが、この初編のなかにこそ、諭吉のその後の歩みの方向が明示されていると筆者は思っている。その証拠はといえば、「人は生れながらにして貴賤貧富の別なし。唯学問を勤て物事をよく知る者は貴人となり富人となり、無学なる者は貧人となり下人となるなり」という、この宣言である。これから派生する言葉、「凡そ世の中に無知文盲の民ほど憐むべく亦悪むべきものはあらず。知恵なきの極は恥を知らざるに至り、己が無智を以て貧究に陥り飢寒に迫るときは、己が身を罪せずして妄に傍の富る人を怨み、甚しきは徒党を結び強訴一揆などゝて乱妨に及ぶことあり。恥を知らざるとや云はん、法を恐れずとや云はん」。この言葉である。

ここから、諭吉のあげた偉大なる成果も、それにともなう重大なるマイナスも、すべてが発生していることを知るべきである。

士族の救済

さて、この初編の異常な売れ行きは、この書が、政府の意向を代弁するもの、あるいは政府の推奨するものとうけとられたからであろう。「学制」発布のころ「文部省は竹橋に在り、文部卿は三田に在り」といわれたことは有名である。この時期における諭吉は、明治政府を非常に高く評価していたから、『学問のすゝめ』(初編)は決して政府批判の書ではなく、政府の政策の革新的側面を支持し、その理解の仕方を国民一般に啓蒙しようとしたものにほかならなかった。

また、廃藩置県後の士族の処遇を心配し、明治四(一八七一)年に、政府の当事者に対し「士族の世禄処分の議」(全集第二〇巻)を提出したことによっても、諭吉が政府に期待していたことが知られる。この文の本旨は、士族の救済にある。この本旨を、当時の日本の文明推進に関連づけて、士族の果たす効果とマイナスの面との両面を示して、救済の目的を実現しようとしたにほかならない。すなわち、教養人としての士族に、「小学校の設を盛にして農商の子を教へ、後来《こうらい》確乎の文化を待つ」、それまでの一時的な利用価値を認めたものにほかならない。それは、士族に対する全面的長期的な期待ではない。だから一方では、次のように士族の役割を強調していう。「王制一新の功を成し、外国の交際を開き、其書を講究し、其学術を採用し、貿易を盛にし、物産を勧る等の事、其説皆士族より出ざるはなし」「今日現に官員に列する者、十に八、九は皆士族」「外国に遊学し内国にて洋書を読むものも皆士族の子」。「翻訳書」も、「器械家」も、「医」も「兵」も、士族である。「概して云へば方今日本の文明は士族の手に在りと云ふべきなり。然るを今其禄を剥《はぎ》取り一時に活計の道を奪ふは、恰も文明世教の源を塞《ふさ》ぐに異ならず」と。

しかし、この反面では、逆に士族が反乱をおこすのを警戒する。「善を為すに勇ある者は悪を為すにも気力あり。今の士族に教を施すことなくば忽ち乱暴無頼の域に陥り、啻《ただ》に国家の益を為さゞるのみならず、世間の風俗を乱りて他人の害を為すこと甚しきに至るべし」と。数年後に現実に発生する士族の反乱を予測して、議論を立てていることに注目すべきである。彼の士族論は、征韓論争以後のものではないのである。

知識人としての士族は、学校教育の整備によって農商の子弟が文化の推進者となるまでの移行の過程で必要であるから、国家の文明を進めるために、士族の没落を防ぐ必要があり、育英費を支給する意味で、士族に「子弟教育老幼扶助の料として」、禄に相当するものを与えるべしとする意見である。士族の子弟の教育については、明治二(一八七八)年一一月、諭吉が大隈重信に宛てた書翰にそえた「私塾維持之為資本拝借之願」(全集第一七巻)にも現われている。

「然るに近日に至ては旧藩士族も日に困窮に迫り、僅少の学資にも差支て、或は天稟《てんぴん》の才を抱きながら初めより就学の念を絶つものあり、或は就学央《なかば》にして廃学する者あり、或は僅に卒業し直に糊口の路を求め、遂に大成の機を誤る者あり。国の為に謀て遺憾これに過ぎず。」「抑も方今の日本に於て、不平を唱へて世を害する者も学者士族なり、平和を奨励して国安を助け富強の大勢に益する者も亦学者士族なり」。

明治一一（一八七八）年という時点で、士族の生活困窮が慶応義塾の重大問題になったのは、それまで塾生に士族の子弟が多かったからである。

「維新の前後諸藩地より来て入社する者次第に増加し、凡そ三百諸侯の藩士新陳交替して、各藩、多は二、三〇名、少は三、五名、常に塾に寄宿せざるはなし」。

このように、慶応義塾は士族子弟の学校という性格が強かったのである。

「右の如く貧にして才力のある者を教育せんとして、之に衣食を与へて又随て之を教るが如きは、私塾の性質と今日の習慣とに於て、敢て望む可き所に非ざれども、之を教るに本人の力に堪へざる程の学費を要して、為に就学の念を絶たしむるは歎かはしき次第に御座候。当塾に於ても含までは無理に生徒の金を収斂《しゅうれん》し、無理に教員の給料を薄くし、尚不足して止むを得ざるの場合に至れば、社頭其外の者より或は千或は百の私金を投じて辛ふじて維持したることなれども、前条の如く生徒たる可き者は日に疲弊して、塾の会計は更に目途を得ず」。

以上によって、士族に単なる期待をかけていたのではなく、士族を気の毒に思って、これを救済しようとしていたことがわかる。「富家子弟教育の事」(明治一二年一〇月)では、全国の富豪に対して「何ぞ奮て其子を教育せざるや」と呼びかけている。

3　出版業者として

書物問屋組合への加入

諭吉が、旧幕府から暇をとり、新政府にも出仕せず、学校教育と著書訳述に専念する決意を固めることのできた基盤には、著訳書の順調な売れ行きがあったことは知られている。ところが、その出版収入の内容には、著述業の収入と、出版業の収入と、二面があることは、一般にあまり注目されていなかった。いまこの面を、長尾政憲「〈福沢屋諭吉〉の発展・転換過程」(『法政史学』二六号)によって、みてゆきたい。

諭吉が、本業としての出版業を創業したのは、明治二(一八六九)年一月で、書物問屋組合に加入したのである。同一二月三日の組合の台帳に、新加入として「芝区金杉川口町　善兵衛地借　福沢屋諭吉」の名が記入されている。「福沢屋」というように、「屋」がついている。身元引受人には、『西洋事情』初編の出版元である尚古堂岡田屋嘉七を頼んでいる。

諭吉は、書物仲間に加入する前から自営出版業を新銭座で始めていた。その時期は、慶応四年四月の慶応義塾創立直後で、義塾の事業の一環として「商売」をしたのである。

出版書目の面からみると、従来の『西洋事情』『雷銃操法』などに続く、制度・政治系列や兵書系列とは異なる新系列の児童用教科書が開発されている。『訓蒙窮理図解』や『世界国尽』がそれである。

出版作業場は、新銭座の義塾敷地内のあった諭吉の住居とその土蔵が使用されたらしい。数十人の版摺職人を雇い、版木師・製本仕立師も傘下にいれた大規模な工場制手工業であった。

こうして、諭吉は、出版業者となったから、偽版の問題は、その事業にとって死活に関する重大問題となった。そのため、新政府に対して取り締まりを要求していった。新政府の側では、戊辰戦争にさいして、言論を統制してゆく。明治二(一八六九)年五月二二日の出版条例のなかに、出版権・著作権の保護が規定された。そして、偽版の摘発・防止には、江戸時代以来の書物仲間問屋組合があたることになった。このような出版条例体制のもとで、上記のように、この組合に加入したのである。

しかし、この明治二年一一月から四(一八七一)年三月の三田移転までの間は、諭吉の出版業は振わなかった。この期の新刊書目は、以前の続きである『雷銃操法』の「巻之三」と『西洋事情』の「第二編」である。前者はその奥付に、慶応義塾蔵版とあり、書肆《しょし》福沢屋の地位が自立したことを示している。後者は、依然として従前と同じく岡田屋の発行で、岡田屋との関係が強かったことがわかる。福沢屋の販売形態は、まず新刊直後の見本を送付し、売品は一括送付する直接販売方式をとっており、運送費についても、はっきり定めていた。

偽版対策も問屋組合加入により、その版権保護規定を最大限に活用している。

福沢屋諭吉の黄金時代

明治四（一八七一）年三月、義塾が新銭座から三田の旧島原藩邸跡に移転した。義塾はいまや私学として最大の規模を誇る学塾となり、制度も近代化が図られている。このような義塾の飛躍的発展にともない、福沢屋の出版業も新たに転換をするに至った。一万坪以上の広い敷地のなかで、旧長屋を印刷工場として、職工もそこに住居させた。監督は旧中津藩の八田・松口が引き続き担当し、売り捌《さば》きにもしたがった。この時期の出版書目の特徴は、児童用教科書関係の出版が、いっそう充実したことにある。書物の、脱稿から出版までの期間が短くなり、出版のスピードが増し、また、蔵版・出版の福沢屋と売捌元としての尚古屋というように、出版と販売の分業が、はっきりしてきた。

廃藩置県の断行により、世の中は急激に文明開化の方向に進み始めたので、福沢屋の出版物は、にわかに売れ行きがよくなった。

『学問のすゝめ』のように、旧中津藩士の友人に示したにすぎない少部数のものが、偽版が幾種類も刊行され、福沢屋からも、再刻・三刻出版され、多くの人々によって読まれるようになった。こうして、事業の発展の結果、明治五（一八七二）年八月には、慶応義塾出版局の開設へと発展した。この出版局は、同七（一八七四）年には、出版社と改称して合資組織となる。それまでの間が、黄金時代であった。

その事務所ならびに工場は、福沢の旧宅に移り、人的スタッフも、主任に朝吹英二、局員は従来の八田・松口のほかに、十数人の者が任命され、職工も新しく二〇〇人余を雇い入れて、製本所も大規模に拡張した。諭吉の出版企業は、義塾の教育活動を表面におし出したユニヴァーシティ・プレスの企業形態として名実ともに完成した。

諭吉は、この出版局創設を届け出るために、改めて書物仲間問屋組合に加入した。このときは、「願人福沢諭吉」としてあり、福沢屋ではなくなったが、その後も、刊行のさいは、出版局、書物問屋仲間の間では、福沢諭吉と福沢屋と二枚看板が使われた。

「学制」頒布当時の文部少輔田中不二麻呂は諭吉と親しかったので、義塾出身者は、地方の学校とくに新設の師範学校の英語教師として招かれるものが多かった。そして、その赴任校では義塾で使用していた教科書を使用するようになった。また、義塾みずからも、分校を大阪・京都・徳島に開設したので、義塾出版局の出版物は、全国的に普及するに至った。

この時期の出版物には、文明開化政策に関連するものと、小学用教科書系列のものとあるが、福沢屋の出版物は、「学制」頒布後、その多くを、「小学校に用うべき図書」に指定されたので、その需要は飛躍的に増大した。

さらに、日本の簿記学史のうえで草分けの地位をもつ単式簿記教科書である『帳合之法』初編が刊行されている。明治六(一八七三)年七月には、諭吉みずからが出版局の繁栄を誇り、その利益は年に、一二、三万両の商いといい、官吏・教師の年間所得五、六〇〇〇円を、「メクサレ金」、また「富有の一事に至ては在官の大臣参議などを羨《うらや》むに足らず」と豪語している。

こうして出版局は、「学制」頒布に支援されて、福沢屋諭吉の黄金時代を迎えたのである。

明治七年(一八七四)一月、出版局の組織を改めて、合資会社組織の「慶応義塾出版社」を創立した。活版印刷機が新しく導入されて、威力を発揮した。

経営悪化と言論人

諭吉は明治七年元日の慶応義塾社中の会同での演説と、同年二月の荘田平五郎宛て書翰（全集第一七巻）では、新聞ないし新聞的性格の出版物に重点をおくようになったといっていい、また、義塾出身者が役所で出版免許の課長をしている気安さがあったことを語っている。ニュース性のある小型雑誌『民間雑誌』では、その第一号で、「田舎の有志の士」に呼びかけて地方の実情と問題の来信をねがい、読者とともに作る雑誌をめざした。これに反して、『学問のすゝめ』では、同年一月刊行の第四・五編から、むずかしい文字を使うようになった。二月に第六編「国法の貴きを論ず」を刊行したが、このころから翻訳をやめ、読書勉強に専心すると言明している。この第六編と第七編「国民の職分を論ず」との忠臣義士論は、いわゆる楠公権助論の物議をかもしたために、かえって売れ行きも激増した。

明治八（一八七五）年九月、出版条例が改められ、諭吉が重大な関心をもっていた版権は、「専売ノ権」と定義されて、詳細な規定と罰則とが設けられた。ここに偽版撲滅の法的根拠は確立した。しかし、同時に言論抑圧が強化された。検閲も、内務省の所管となって強化され、書物仲間問屋組合の権限は失われ、福沢屋の登録名＝屋号も自然消滅する。

このように、福沢屋の呼称は、明治八年九月の出版条例の改定により消滅したが、諭吉と義塾出版社との関係は、同一五(一八八二)年三月まで続いた。すなわち、このときに出版社が『時事新報』を発行する新聞社となり、従来の出版事業が一切、中島精一に譲渡されるのである。この間、蔵版利益は、明治一〇(一八七七)年から目立って減少し、このころから朝吹をはじめ主要社員が転出している。

明治一三(一八八〇)年八～九月ころ、小学校で使用中の教科書で不適格なものが使用禁止になったが、このとき、諭吉が著述し広く利用されていたものが大打撃をうけ、そのため義塾出版社の営業は大きな損失をうけた。一方、義塾の学生には、従来士族の子弟が多かったが、明治九(一八七六)年の家禄整理と西南戦争後のインフレのたかまりとにより、士族の生活が極端に困難になり、そのために、義塾の入塾生が激減した。それに、中学校教則の変更が加わって、義塾の経営は困難となった。

このように、教育事業の経営難とともに、出版事業も、困難に直面したのである。この時期に、諭吉の活動領域は大きく広がった。『家庭叢談』、再刊の『民間雑誌』、『交詢雑誌』という諭吉門下の編集になる一連の雑誌を出版し、諭吉は、これらに執筆するとともに『郵便報知新聞』にも投稿し、言論人として活動するようになる。単行本の場合にも一連の政治評論は、同じ性格のものであった。

そして、この政治評論の系列を中心にして、しだいに官民調和を主張してゆく。こうして、明治一三(一八八〇)年一月、交論社が発会式をあげ、ついに私擬憲法案を定める。最後に、明治一五(一八八二)年三月、『時事新報』を独力で創刊し、言論人としての活動に専念するに至った。

IV　慶応義塾と彦次郎と

1　慶応義塾の設立

日本第一の塾

今度は、教育者としての福沢諭吉について観察してみたい。それには諭吉の経営した慶応義塾を考えなければならない。そこで、話は、少し以前にもどって、義塾の創立から記してゆきたい。

安政五(一八五八)年一〇月中旬、諭吉は藩命によって大坂の適塾から江戸に来て、築地鉄砲洲の中屋敷内に長屋の一軒を与えられ、藩から扶持を給せられて適塾の後輩岡本周吉とともに自炊生活を始めた。そして、藩内外の子弟が蘭学を勉強に来るようになってささやかな蘭学塾が発足することになった。このときの塾の場所は、現在の中央区明石町にあり、聖路加国際病院のあたりがそれである。最初の塾生で、同時に塾長は、岡本周吉であった。周吉は名を節蔵と改め、古川家の養子となり幕府の海軍にはいった。明治になってから、正雄と称し、オーストリア万国博覧会に工部省の役人として洋行した。その後、キリスト教にはいり、中村正直らとともに盲教育に尽くしたことは、諭吉の身近の弟子としては注目する必要がある。

安政六(一八五九)年、諭吉は英学への転向を決意してから英学修業につとめ、遣米使節派遣のとき、熱心に頼み込んで木村摂津守の従僕として咸臨丸に乗り込んだことは、すでに記したところである。このアメリカから帰って、諭吉は、芝新銭座に転居し、ここで妻お錦《きん》を迎えた。この転居のとき、塾生たちも、一緒についてきたのである。ついで遣欧使節に随行して帰国後、文久三(一八六三)年、鉄砲洲の奥平家中屋敷にもどった。このとき、中屋敷内の五軒続きの長屋一棟を借りて塾舎の規模を拡大した。このときから、洋学塾経営の意志をかためた。翌元治元(一八六四)年からは、塾生の「姓名録」の記録を始めた。この春、三月から六月まで、郷里中津に帰ったとき、藩士の次、三男で優れた青年を説得し、小幡篤次郎ら六人の青年をつれて江戸にもどった。それらの弟子のための経費は、欧字新聞の翻訳によって得た収入をあてるなど、熱心に世話した。なかでも小幡篤次郎は、諭吉をよく支え、塾中で諭吉につぐ尊敬を集めた。

築地鉄砲洲の塾は、外国人居留地設置のために立ちのきを命じられたのを機会に、芝新銭座の有馬家の中屋敷を、慶応三(一八六七)年暮れに購入した。敷地四〇〇坪、ここに一五〇坪ばかりの塾舎を建てた。一〇〇人の塾生の収容をめざしていた。建築代金三五五両、建築のためさらに四〇〇両の費用をかけた。彼はこのために一〇〇〇両余りの借金をしている。しかも、慶応三年末から慶応四(明治元)年春にかけ塾生の数は減少し、もっとも少ないときは、一八名にまでも落ち込んでしまった。

それでも、慶応四年四月、無事移転することができ、これを契機に、学塾の組織機構を一新した。塾名もこのとき初めて、慶応の年号をとって「慶応義塾」と命名した。改元は、九月八日であり、このときは、まだ慶応四年だったからである。「慶応義塾之記」(全集第一九巻)は、このときに印刷頒布されたが、そのはじめにいう。「今爰《ここ》に会社を立て義塾を創め、同志諸子相共に講究切磋《せっさ》し、以て洋学に従事するや、事本と私にあらず、広く之を世に公にし、士民を問はず苟《いやしく》も志あるものをして来学せしめんと欲するなり」。そして洋学の由来を記し、ついで洋学の洋学たる所以を、「天然に胚胎《はいたい》し、物理を格致し、人道を訓誨《くんかい》し、身世を営求するの業にして、真実無妄細大備具せざるはなく、人として学ばざる可らざるの要務なれば、之を天真の学と謂て可ならんか」と記している。

この年、閏四月、適塾の同窓で、紀州藩に雇われていた山口良蔵宛書翰（全集第一七巻）で、諭吉は一〇〇〇両余の借金のために、『西洋事情』外編三冊の版木や草稿類を売り払いたいと記したのち、次のようにいっている。「此塾小なりと雖ども開成所を除くときは江戸第一等なり、然ば則日本第一か」といい、さらにいう。「僕は学校の先生にあらず、生徒は僕の門人にあらず、之を総称して一社中と名け、僕は社頭の職掌相勤、読書は勿論眠食の世話塵芥の始末まで周旋、其餘の社中にも各々其職分あり」と。

三田への移転

この新銭座への移転が終わって間もなく、官軍が上野の彰義隊《しょうぎ》に総攻撃を行った五月一五日、その砲声の聞えるなかで平常通りの講義を続けたことは、有名な話である。

江戸の戦火が収まると、義塾への「新入社」は急激に増加する。明治元（一八六八）年中に一〇〇余名、同二（一八六九）年二五〇余名、同三（一八七〇）年三〇〇名余、ついに新銭座の地所建物では収容できない状況になった。入社金三両の徴収、授業料月二分、盆と暮と金一〇〇〇匹ずつ徴収する制度を定めたので、財政的には、塾の経営は安定してきた。明治二年八月の「慶応義塾新議」には、以上のほか、教授の内容・方法・教科書の費用を説明し、学生の生活費も倹約すれば、一か月六両で済むだろうというようなことまで、記してある。

明治二年には、『洋兵年鑑』(五冊)の買い上げ代金六〇〇両を熊本藩から受けとったので、これで二階建講堂一棟を増築している。それでも狭く

諭吉と一太郎(右)、捨次郎(左)
(慶応義塾福澤研究センター蔵)

なり、汐留の中津藩上屋敷に出張所を開き、これが火事で焼けると、明治三年には、麻布の竜源寺に移し、さらに、芝山内の広度院にも分塾、新銭座の隣接地に外塾をおくなどして、一時をしのいだ。

明治二年四月四日、山口良蔵宛書翰には、「弊塾も人数のみ次第増加、此節内塾生百人余、塾舎も既に充満いたし、三月二〇日頃より入塾は断申候。これまで小生の身分不相応に金を費し、塾舎も建営いたし候儀に御座候得共、有限の微力、最早金もなくなり、此頃は塾を建候事も出来不申、残念に御座候」と記している。

このように慶応義塾の生徒増加のため経営に苦心していた諭吉は、この義塾を官有にし、教員たちは日本国中に手分けして、英学教授に専念しようと考えていた。山口良蔵宛書翰（明治二年頃？月日不詳、全集別巻）には、次のように記されている。

「昨年より小生始め幡篤兄弟抔《など》を召スノ用ルノと蝶々《ちょうちょう》喧敷《かまびすしく》、又内の事を考れば、義塾社中僅に弐百人に足らず。斯の如くしては迚《とて》も天下の文運を起す抔の大業は無覚束《おぼつかなく》、依て社中同志の人と談じ、此義塾を挙て官有となし、義塾を本といたし、塾の取締は官の有司に託し、社中の面々は壹両人づゝ諸方へ出張可致、或は小生も出掛け可申、是即四月中旬義塾の決議に御座候」。

日本全国洋学熱が盛んで、諭吉ら義塾社中の学者は、方々から招かれ、政府も諭吉をはじめ、小幡篤次郎とその弟の甚三郎を招こうとしていた。そのような状況のなかで、塾の不振ではなく、逆に繁栄しすぎたがために、塾の官有を考えたのである。

年	平民の比率	備考
文久3〜明治4	3%弱	入塾生総数　1329名
明治5	12%	〃　317名
6	18	
7	29	
8	31	
9	34	
10	48	士族の減少は西南戦争の影響か
11	38	
12	32	
13	52	平民の増加は全国農家の富実の結果であろう。
14	50	
15	57	

入塾生のうちに占める平民の比率

文久3年〜明治15年の入塾生総数は3967名。その内訳は、華族37名、士族2965名、平民959名、朝鮮人6名である。「慶応義塾記事」による。

明治四（一八七一）年三月一六日、三田の旧島原藩邸への移転を完了する。ここを入手するについては、適塾時代の同窓で要職にあった佐野常民その他の人々、また岩倉具視という最高権力者までも頼んでいる。東京府との間も、ポリス制度の調査に関連して緊密な関係にあった。こうして、政府側との親密な関係のうちにあって、旧島原藩の土地一万二〇〇〇坪弱の貸し下げと建物七〇〇坪（約七七〇〇両）の払い下げをうけることができた。同五(一八七二)年には、この土地の払い下げをうけることができた(一〇〇〇坪一五円の割で)。

これが、現在の慶応義塾の本拠である。これによって義塾は、政府との関係においても、その内部においても、その基盤をいっそう確実にしたといえる。現在の義塾の開校記念日は、この三田への移転のときを選んで制定している。

この三田移転当時の塾生の数は、三二三名を数え断然他の学校を圧していたが、その塾生の中味も、明治四(一八七一)年二月、中津藩知事奥平昌邁《まさゆき》が慶応義塾に入門するというように、しだいに上層階級の子弟がはいってくるようになった。

義塾の制度も三田への移転を機会に近代化が進められ、同五(一八七二)年アメリカ人宣教師カロザスらを雇い入れ、同六(一八七三)年からは学課を改定して、正則・変則の両科を新設し、卒業制度を確立して、同七(一八七四)年からこれを実施したりしている。拡大という面からみれば次のような施設を新設している。

明治六年一〇月、医学所設置(同一三年六月廃校)。同七年一月、幼年者のための塾設立。同六年一一月以降、分校を大阪・京都・徳島に設立したが、同九年一一月までの間にいずれも廃校した。

このころ、諭吉と文部省との関係は緊密である。明治七年、官立師範学校が愛知・広島・長崎・新潟に増設されたが、義塾からそれぞれ、新潟・愛知に一人ずつ、広島に三名が教員として招聘されている。大隈重信と初めて集会の席上で面談し、懇意になり、その紹介で伊藤博文・井上馨《かおる》とも知り合うようになったのも、このころのことであった。

同八（一八七五）年五月ごろ、文部省でアメリカの師範教育の研究員を派遣する相談をうけて、門下の高嶺秀夫を推薦した。同九月、中学師範学科設置につき文部大輔田中不二麻呂に招かれ、西周・津田真道・箕作秋坪・中村正直らとともに会合に出席した。そして、その学科が開講するとき、小幡篤次郎がその学校の教頭兼幹事のような職につき、多数の教員学生が義塾からここに移った。まるで第二の慶応義塾がお茶の水旧昌平黌跡に出現したかのようであったという。

義塾の危機

このように発展した義塾も、士族の生活困窮とともに、さきの明治二年とは異なった意味で危機に直面する。

明治九（一八七六）年の秩禄処分終了、同一〇（一八七七）年の西南戦争、それに続くインフレのたかまりのなかで、義塾に在学する生徒のなかに貧困のため学業を放棄せざるを得ないものが増加した。そのために、諭吉は、同一一(一八七八)年一一月二八日、大隈重信を頼り、慶応義塾維持のために政府から資金を借りようとした。そこで「私塾維持之為資本拝借之願」を草したのである。これより翌一二(一八七九)年六月二〇日、慶応義塾維持資金借用の願書を楠本正隆東京府知事を通じて取り下げるまでの間、熱心に資金借用の運動を行っている。そのことは、全集第一七巻書翰編によく現れている。

明治一一(一八七八)年一一月二九日、文部省に文部大輔田中不二麻呂を訪問し、ついで文部卿西郷従道を自宅にたずね慶応義塾維持資金借用のことを懇談。一二月には、大蔵省書記官河瀬秀治を自宅にたずねて、やはりこの件を懇談した。このころ、この件に関しては、従来私立学校に対して、政府から資金を貸した例がないから、何か商売の名儀にして出願するとよいという勧めがあって、「製茶輸出ニ付資本拝借之願」を草した。しかし、工部卿井上馨から、商売云々の名義よりは、やはり学問教育のためという方がよいだろうとの注意があって、この願書案は実際には使わなかった。この件で、二一日に、内務卿伊藤博文をたずねている。

この年の末ごろと思われるが、「私塾維持の為資本拝借の追願」を草している(全集第一九巻)。

明治一二(一八七九)年一月、慶応義塾維持資金信用願を四分利四〇万円に改めて東京府経由で提出した。

二月になると、中上川彦次郎より慶応義塾資金使用借用の件については、工部卿井上馨が消極的であるという報告をうけ、井上宛に「一昨日彦次郎の話に、此度出願の私塾資拝借の一条には、先生の御口気或はネガチーヴの如くなるよし。之を承り誠に騰駭《きょうがい》落胆と申す其次第は、」云々という手紙を書いている。

このころ政府は、従来のルーズな資金貸与の傾向を反省し、方針を転換し始めていて、五代友厚らの資金拝借の願いを退けると同時に、諭吉の願いも拒否しようとしたようである。これに対し、諭吉はさらにいう。「私方の内実を申せば、此度の出願は最初より万々間違なきものと信じ、既に旧冬より塾の仕組にも手を着け、今日に至ては虎に騎する勢、若しも罷《まかり》遠ひ候ては私の進退は爰に谷《きわま》り、実に大変の始末に及ぶべし。事成らざれば即ちヤケなり。其辺の事情幾重にも御洞察被成下、内務卿へも呉々御到意奉願候。事の成敗は内《ひと》エ二卿の片言に在て存す。若しも敗して成らざる歟《か》、公に云へば天下教育の為に之を歎息し、私に云へば二卿に対して愚痴を鳴らさゞるを得ざるなり」と（明治一二年一〇月、井上馨宛書翰、全集第一七巻）。

大がかりな働きかけ

諭吉は、この件について、当時、工部省出仕の中上川彦次郎、大蔵省出仕の小泉信吉を連絡係として、井上工部卿、伊藤内務卿に働きかけていたのであり、また大隈重信大蔵卿と特別に親しい間柄であったことは、周知のことである。右の文面からみても、井上・伊藤と諭吉の間柄に気安さのあることが知られる。さらに岩倉具視とも、諭吉の草した「家族を武辺に導くの説」(明治一二年二月七日、岩倉宛。全集第二〇巻。この書翰は、同年五月一四日の『郵便報知新聞』に掲載された)についての交渉もあり、諭吉は、人脈からいって、政府部内に対しても、民権運動の指導者たちに対しても、同じ程度の親しさをもっていたであろう。官民調和論の出てくるのは、ごく自然のことであったと思われる。

この二月一〇日には、諭吉は、伊藤博文へも、大隈重信へも同趣旨の手紙を出している。このころは、大隈宛書翰の内容は、ほとんどが、この件についてのものである。

三月一五日、大隈宛書翰では、東京府知事楠本正隆をたずねて資金借用の願いが容れられないならば、公然「却下」の二字を頂戴したいと申し述べたことを報じている。そして、大隈大蔵卿の特権で、「一年度限りの拝借相願度」と懇願している。「昨年より不図《はからずも》ヶ様なることに取掛り、老生の精神を費やしたるは実に少々ならず、若しも此精神を他に用ひたらば、既に一部の良書を著述して世に益したる事もあらん」と記している。もって諭吉の熱心さが知られよう。

諭吉はついに、政府から借用に望みをなくし、二、三の有力な旧藩主の華族にも相談している。宛名は不明であるが、島津関係の有力者宛のものらしい書翰もある。四月になると、伊藤博文宛書翰の中で、一〇か年拝借といっているけれど、実際には、もっと短期間で返納できるだろう。その理由に「当塾新旧の社中に華族其他富豪の人甚多し。」だから一度政府から大金を拝借すれば、その人たちに頼めば、必ず集金できる。ごく首尾よくゆけば、二、三年で返納できよう。「されば今富豪にして等しく金を出すものなれば、今度政府に願はずして直に富豪に依頼して可なりとの説もあらんが、決して左様に参らず。都《すべ》て世の中の事は初に題を出す事甚緊要なる者なり。官より此題を出すにあらざれば迚《とて》も行はるべからず」という。

海軍卿川村純義、陸軍卿西郷従道にも、参議黒田清隆、外務卿寺島宗則にも、直接働きかけている。まことに大がかりな働きかけであり、その真剣さが、うかがわれる。この反面で、旧徳川宗家からの借用も考え、大久保一翁・勝海舟とも相談している。

ついに、六月二〇日に至って、楠本東京府知事を通じて、「慶応義塾維持資金借用之願」を取り下げることを申し入れた。

八月二日、楠本正隆宛書翰では、楠本の尽力に対し、丁重に謝意を表している。そして、「将来塾維持の法も迚《とて》も永久の見込は無之候得共、老僕一身世間の交際を少なくして精々節倹勉強いたし候はゞ、今暫くは支へ可申哉、外の心事は無之、心身の快楽を挙て之を天下の学問教育に殉ずるのみ。又其中には時勢の変化も可有之、寸前暗黒、唯一時心に慊《あきた》りしと思ふ所に安心座候」と。

明治一二（一八七九）年一〇月、ついに慶応義塾を維持していくのはむずかしいとして、教員会議においてこの旨を発表し、給料を従来の三分の一に減じた。この後、しばらく、資金調達の運動は表面に現れなかった。

「慶応義塾維持社中」

明治一三（一八八〇）年九月ころより、諭吉はひそかに慶応義塾の廃校を決意し、その意志を小幡篤次郎に打ち明けた。一〇月二四日、諭吉は、この時の塾長浜野定四郎宛書翰で「諸君御相談の上にて之を維持する事が出来るならば甚妙なり、唯思召次第に任するのみ」と記している。また醵金《きょきん》に無理をおかすことのないよう、「暇令或は旧社中の名ある者にても、本塾の精神と相投ぜざる者なれば之を他人視せざるを得ず。決して此輩に向て求めざるのみならず、彼れより来るも我より之を拒絶すべし」という。

同じ日付の白洲退蔵宛書翰にも、「最早気力も金力も永続の見込なきより、寧ろ断然廃校と決し、又其廃校論に異説多く」、その結果「慶応義塾維持資金募集趣旨」(全集第一九巻)を草し、ごく親しい社中の先進者の間にだけ回付して、内々その寄付額を問い合わせたのである。こうして、一一月二三日、「慶応義塾維持法案」を起草し、これを発表してひろく社中の協力を求めることになった。この努力がみのって、「慶応義塾維持社中」というものができ、その後の義塾はこの社中によって維持されることとなった。その人数は、数年間で一六〇余名になったという。少数の富豪からの寄付に頼ることをしなかったわけである。

政府資金拝借の運動を行っていたころ諭吉は、「富豪子弟教育の事」という文章を「郵便報知新聞」に載せている(明治一二年一〇月一四、一五日)。これは、さらに『民間経済録』二篇(同一三年八月)の第一章「財産集散の事」に収録されている(全集第四巻)。

ここでは、富豪家は一般に「子弟の教育は唯僅に家事の一部分にして、衣食住の要用と位を同ふするを得ざるのみならず、或は奢侈の事物に対して席を譲るものなきに非ず」とみている。これに反して、「方今我国に於て教育の大切なるを知て之を好むは、旧藩士族の右に出る者なし」、「今日に至るまで世上の実験を平均すれば、全国教育の大半は士族に在りと云はざるを得ず。其家産の貧富に拘はらず、国力の大部分を士族書生の手に掌握するも亦偶然に非ざるなり」。これを知るならば、中央も地方も全国の富豪は、「聊か貧書生に恥る所ある可し。若しも此恥とせば、何ぞ奮て其子も教育せざるや、何ぞ教育を好まざるや。余は竊《ひそか》に遺憾に堪へざるなり、又不審に堪へざるなり」と記している。

諭吉が、生活困難におちいった士族の子弟に何とかして教育を施したいと思い、そのために、政府が資金を調達するのは当然であるという自負をもって、政府から拝借金を得ようと奔走したのである。しかし、それが成果を得られなかったとき、廃校を決意した。富豪に膝を屈してまで資金を得ようとはしなかった。それは、上記のような富豪の教育に対する態度に不満をもっていたからで、そのような言葉の援助をうけることに不安・不満を抱いたからであろう。

「慶応義塾維持社中」の結成によって、義塾は廃校を免れることができた。しかしこれは諭吉と義塾との関係において、大きな転換の機会となったのである。

2 『学問のすゝめ』各編の趣旨

民撰議院設立と農民一揆

さて、『学問のすゝめ』の二編以下について記す順序になった。二編以下の刊行は、次のような年月になる。

二編・三編は、それぞれ明治(一八七三)年の一一月と一二月の刊行である。一〇月の征韓論争破裂のあとにあたる。そして三編発行の翌月の明治七(一八七四)年一月に民撰議院設立建白が行われた。四編・五編は、この七年一月に刊行される。六編は二月刊行であるが、この月に今度は佐賀の乱がおこっている。これ以後、同七年一二月までの間に七編から一三編に至る諸編が刊行された。一四編が明治八(一八七五)年三月、一五、一六、一七編がそれぞれ、翌九(一八七六)年の七、八、一一月に刊行されて終了した。

諭吉は、民撰議院設立建白も士族の反乱の指導者も、従来同じく政府部内にあったもので、大筋においてはともに改進の方向をめざしている者とみている。それが対立するのであるから、諭吉は、それを本質的対立とみていない。そこで何とかして協調させようとする。民撰議院設立建白の背後にある農民一揆の力を諭吉は考慮にいれていない。だから単なる指導者間の対立としか思わないのである。

二編「人は同等なること」、三編「国は同等なること」、この二つともに初編と同様で、まず自由平等を主張する。しかし、二編の末尾でいう。「一国の暴政は必ずしも暴君暴吏の所為のみに非ず、其実は人民の無智を以て自ら招く禍なり」「人民若し暴政を避けんと欲せば、速に学問に志し自ら才徳を高くして、政府と相対し同位同等の地位に登らざる可らず。是即ち余輩の勧る学問の趣旨なり」。

三編では、「我日本人も今より学問に志し気力を慥《たしか》にして先づ一身の独立を謀り、随《したがっ》て一国の富強を致すことあらば、何ぞ西洋人の力を恐るゝに足らん。道理あるものはこれに交り、道理なきものはこれを打払はんのみ」「一身独立して一国独立するとは此事なり」との趣旨を説いている。

四編の「学者の職分を論ず」と五編の「明治七年一月一日の詞」は、ともに諭吉みずからことわっているように、むずかしい文体・文字を使って記してある。学者を相手にして論を立てたからである。この両編は、一国の文明は政府と小民との中間たる学者よりおこるもので、その文明の指導者・担い手たるべき学者の任務は、人民の気風を一洗して世の文明を進めるにあり、そのためには、学者は政府に仕官せずして野にあるべきだと主張した。この主張は、その大多数が政府の役人・学者である明六社員に対する批判にほかならなかったので、『明六雑誌』の二号で、いっせいに反駁ないし弁解が行われた。五編の末尾にいう。「凡そ文明の事件は尽く取て我私有と為し、国の先を為して政府と相助け、官の力と私の力と互に平均して一国全体の力を増し、彼の薄弱なる独立を移して動かす可らざるの基礎に置き、外国と争て毫《わずか》も譲ることなく」と。

六編の「国法の貴きを論ず」と、七編の「国民の職分を論ず」の両編は、もっぱら政府の立場に立っているように思われがちであり、人民の尊法の義務ばかりが説かれているようにみられやすい。しかし、それは、具体的には、暗殺の否定であり、役人を恐れて卑屈になるな、法を恐れよ、法を守るも悪法には無批判に屈従する必要はないというものであった。第七編の趣旨は、暴政という極限情況のもとで、黙従と破壊の両極端の中間に、正理を守って身をすてる殉教者の立場を最上策としたと考えられる。これは、明治六(一八七三)年から七(一八七四)年にかけての一揆の激発、民撰議院設立運動、佐賀の乱の勃発などの現実の情勢に照らして切実な問題であった。

この七編の刊行されたころ、諭吉は『文明論之概略』の執筆を思い立ち、九月ごろに、ほとんど書きあげたが、なお手を入れて、翌八(一八七五)年四月、原稿を完成して、八月に刊行した。

対外危機の強調

『学問のすゝめ』八編から一四編までは、右の執筆期間と重なり合っている。八編は「戒心を以て他人の身を制す可らず」という題で、「身体」「智恵」「情欲」「至誠の本心」「意志」の五つは、人に欠くことのできない性質のもので、この性質を自由自在に取り扱い、もって一身の独立をなすものとする。「唯この五の力を用いるに当り、天より定めたる法に従て、分限を越へざること緊要なるのみ」という。その分限とは、「我もこの力を用ひ他人もこの力を用ひて相互に其働を妨げるざるを云うなり」と。そして「女大学」を批判し、妾の存在、「二十四考」的孝行を批判し、これらは「上下貴賤の名分より生じたる悪弊」と指摘している。

九編「学問の旨を二様に記して中津の旧友に贈る文」と、一〇編「前編の続、中津の旧友に贈る」とは一連のものである。近ごろ中津の旧友で学問を修業している者のうち、まれには、「学業未だ半ならずして早く既に生計の道を求める人あり」と聞き、「早く一時に銭を取りこれを費して小安を買はんより、力を労して倹約を守り大成の時を待つに若かず。学問に入らば大に学問す可し。農たらば大農たれ、商たらば、大商と為れ。学者小安に按ずる勿《なか》れ」「麦食を喰ひ味噌汁を啜り、以て文明の事を学ぶ可きなり」と激励したものである。

一一編「名分を以て偽君主を生ずるの論」は、八編の趣旨と同じであり、「世の中に多のみなきものは名分なり、毒を流すの大なるものは専制抑圧なり、恐る可きに非ずや」ということに帰着する。世の名分を主張する人は、まだ一〇歳前後の子供には自己の意見を主張させるべきではないが、その一〇歳前後の子供を取り扱う「親子の交際をそのまま人間の交際に写取らんとする考」えであるとして、具体例をあげて説明している。

諭吉は、「初編より一一編に至るまで、文章も事柄も様々なれど、甚大趣旨として失はざる所は、上下同権、共に日本国を守て独立を保たんとするの一事に在るのみ」（「内は忍ぶ可し外は忍ぶ可らず」全集第一九巻）といっている。

この「内は忍ぶ可し外は忍ぶ可らず」は、『学問のすゝめ』第一二編として、明治七（一八七四）年七月以降に起草されたものと推測されているが、未発表の原稿で題がついていなかったものである。このとき以来、諭吉は、政権と人権を分離し、政体の問題と引き離された「人権」の主張に限定し、そうして、自由民権運動に対して傍観者的批判をするようになるとみられている。この論文の趣旨は、対外危機を強調することにあったのはいうまでもない。

この「内は忍ぶ可し」の末尾にいう。「今の人民へ上下同権の大義を教へ、理の在る所は政府と雖ども敢て屈す可らずとの趣意を知らしむるは、弱小を強大に当たらしむるの下稽古なり、外国の強敵に抗せしむるの調錬なり」「唯其目的とする所は、理に據《よっ》て強大に抗するの習慣を養ひ、以て外国交際に平均を得るの一事に在るのみ」。

諭吉の本心は日本の独立にある。「民権運動への傍観者的批判」といわれても、彼は屈しなかったのであろう。

知識人重視と農民運動観

諭吉は、明治八(一八七五)年、漸次立憲政樹立の詔が出たときに、これに期待をかけ、国会開設を支持する見解を明らかにした。五月一日の明六社で民撰議院設立の可否をめぐって討論が行われたときがそれであった。六月には、「国権可分の説」(全集第一九巻)を発表した。

まず、政府と人民について、人民とは政府に対する名称で、政府のほかはすべて人民である。人民とは必ずしも貧弱無智の細民のみをさす言葉ではないとして、富豪も学者も官にないものは人民であるという。「都《すべ》て世の中に、入組たる事を論じて、入組たる利害を弁ずる者は、必ず智力ある人に限ることにて、無智者の能する所に非ざれば、世の議論は決して下流の細民より生ず可らず。智者魁《さきがけ》を為して愚者これに靡《なび》くを常とす」「西洋諸国にて、其衆論国是と称するものは、決して愚民より生じたる説に非ず。悉皆中人以上、学者士君子の首唱して群民の雷同したる議論に非ざるはなし」。このようにいう。

そして明治維新を、日本におけるマグナ・カルタの大挙動とみなし、今の政府は人民より成り立つものであるという。世の学者たちは今の政府を専制政府というけれど、それは、もはや徳川の専制の「餘焔」にすぎない。またた人民に気力がないというが、その人民は、水呑百姓・人力車挽の類いをさしてそういうのであろう。しかし、人民には、知識人も医者も非役の官員もいる。無智の小民だけではない。官員の下野したもの、知識人（ともにこれはとりもなおさず士族）を、人民の仲間に引き入れれば、国中に人物不足を心配することはない。諭吉はこうすることによって、官に対抗できる民の力を作ろうとしたのである。百姓草挽の学問の進めてその気力の生ずるのを待つのは、そう短時間ではできない。「方今世界中にて至文至明と称する英国に於いても其下流の人民に果して何等の学識を抱いて何等の気力を有する者あるや。終歳勉強して尚且《なおかつ》、日に芋と塩とを得ず餓寒を免かるゝに汲々《きゅうきゅう》たり。何ぞ他を顧るに遑《いとま》あらん。何ぞ国を憂るに遑あらん。何ぞ政を談ず遑あらん。唯古来の習慣に由り上流の人に雷同して自から一国一州の衆論と称するものも定まりとなり」と記している。この知識人重視の諭吉の考えは重要なポイントである。

「今日の急務は、人民と政府と東西に分れ、其番付を定めて約束を立つる事なり」「ここに約束と名《なづ》く可きものさへ生ずれば、歳月を経るの間に之を守るの習慣も成る可し。或は政府と人民との間に議論を起して互に其権を制するの場合にも至り、政府も人民も双方共に自家の体裁を得ることとある可し」。

諭吉は、明治維新で革命は実現され、明治政府の専制は、徳川封建社会の「餘焔」とみなしていたから、農民がおこす運動に対しては、その意味の重要性を認めなかった。だから、明治七(一八七四)年一二月千葉県長沼村の漁業回復の運動について、「願上書」の代筆を頼まれれば、これに応じる。しかし、これによって政府との間に対立がおこることは好まない。

この事件は、はじめ長沼村と他の周辺村との水利漁業権争いであった。しかし県庁がこの紛争に乗じて長沼水路の浚渫《しゅんせつ》工事を実施しようとして各村民たちにその工事の負担をおしつけようとした。そのために事件はいっそう複雑になった。県庁の政策に不満をもった長沼村民は、中央政府に訴願しようとしたのである。しかし、諭吉は、この訴願をおしとどめて、再度県庁と交渉するよう勧めた。地方の問題を中央にもち込まないことは諭吉の原則である。諭吉は、願上書を長沼村民に提出させるとともに、その一方では、千葉県令柴原和に書翰をおくり、自分は決して長沼村のために内願しているのではないと、断っている。自分の責任を回避しながらも、また県庁と村民との対立も避けようとしている。国権を政権と治権とに分けた場合の、治権に属することと考えて、県内で解決すべき問題と考えたのであろう(「分権論」全集第四巻、明治一〇年)。長沼村民が県庁をとびこえて、中央に訴願した場合、それがたとえ解決をみても将来にわたって禍根を残すと考えたのかも知れない(この間の資料は、全集第一七巻・第一九巻に収められている）。

さらに、明治一一（一八七八）年春、愛知県春日井郡の農民による地租改正反対運動に関係したことがある。これは、上記春日井郡の諸村代表林金兵衛が、地価修正要求の運動を進めるのに、諭吉に援助を求めてきたのが、始まりである。彼は、地租改正事務局総裁大隈重信と、同副総裁前島密に宛てて書翰をおくっているが、それは、全国内の無事を祈るためのものであって、農民の側に立つものでないことは、長沼事件と同様である。長沼事件以上に、激化を恐れたのである。

主張の行きづまり

この論文で書かれたかと思われる明治七年には、四月から、台湾出兵が行われている。これは、維新以来最初の外征である。しかし諭吉は、これが不平士族に対する対策から発していることを知っていたはずである。それを知っていて、「内は忍ぶ可し、外は忍ぶ可らず」と主張したのは、一身独立し一国独立すという論旨が、権力との関係から一身独立を主張しきれないという壁にぶつかり、上下同権の主張が根強い伝統的思想からの非難を浴びて弁明の場に立たされたとき、論旨の行きづまりの脱出口として、外事優先の思想がおし出されてきたのである。

ここに、諭吉は、改めて自己の思想の体系的論述の必要に迫られた。そこで『学問のすゝめ』続編の執筆と並行して、体系的な著述『文明論之概略』にとりかかった。

このように、諭吉の主張の転換を、この時期にみる論者がいる(遠山氏)。しかし、諭吉は、終始一貫、国内における決定的対立を避けようとしていたことは、彼の維新観に由来していると思われる。それが、はっきり表面化したのが、このときであった。

諭吉が対外危機を強調したといっても、台湾出兵や朝鮮出兵を考えていたのではないことは、少しあとになるが、明治八(一八七五)年一〇月に、『郵便報知新聞』の社説によって知られる。諭吉は、征韓論についていては、かえって日本の損害になる。日本にとっての真の独立は、「欧米諸国に対して並立の権を取り、欧米諸国を制するの勢を得るに非ざれば」達成されない。朝鮮はアジア州中の一小野蛮国で、たとえ「彼より来朝して我属国と為るも、尚且之を悦ぶに足らず。況や事を起して之と戦ふに於てをや」。それは巨万の軍用金を費し、わが外積を増大させるにすぎない。現在のわが国の外積はおよそ一五〇〇万円。元利とも、二〇年で償却するとして、計四〇〇〇万円の借金になる。「方今我国は借金の敵に向て戦ふ可きの秋《とき》なり」という。

愛国尽忠の輩は志を遠大にして真にわが国の独立を謀り、わが国の独立は欧米に対立してはじめて満足することを知り、この独立は「学問と商売と国財と兵備と四者各其釣合を得て始めて安心の場に至る可きを知り」「一朝の怒を忍て他日大に期する所あるこそ、真の日本人に非ずや」としている(「亜細亜諸国との我戦は我栄辱に関するなきの説」明治八年一〇月七日、全集第二〇巻)。

政談演説会の盛行

『学問のすゝめ』一二編は「演説の法を勧るの説」と「人の品行は高尚ならざる可らざるの論」とである。学問の本趣意は読書のみではなくて「精神の働に在」る。「此働を活用して実地に施すには様々の工夫なかる可らず」。視察、推究、読書、談話、著書、演説、このうち、談話と演説とは、相手が必要で、必ず人と共にせざるを得ない。「演説会の要用なること以て知る可きなり」、それにもかかわらず、当時においては、これを実行するものがなかった。そこで、諭吉は、この一二編で演説の必要を説いたのである。

実際に義塾で有志による演説・討論の練習が始められたのは、明治六(一八七三)年の夏ころであった。この六年には、沼間守一《ぬまもりかず》の法律講義会が下谷の摩利支天の別当所で討論を始めていた。義塾の場合、最初のころは、その練習中には、会員以外の傍聴を許さなかった。いよいよ三田演説会の発会式をやったのは、翌七(一八七四)年六月二七日であった。これ以後、演説の練習を行い、同八(一八七五)年五月一日には、義塾内に三田演説館を開館した。

その設計は、アメリカ滞在中の富田鉄之助から送られてきた諸会堂の図本によったものであり、工費は二千何百円かを要した。会堂の坪数は五七坪余、和洋折衷の建物で収容人員は、四、五〇〇名くらい。明治九(一八七六)年三月からは、公開演説会だけを開いたが、同一三、四年ごろからは、毎回多数の聴衆が集まった。さらに、国会開設運動がさかんになって、政談演説が流行してくると、明治一三(一八八〇)年、京橋木挽町に明治会堂を設立した。この明治会堂は非常によく利用されたものである。建築設計は、甥の藤木寿吉に担当させ、資金は有志者の共同出資によったが、その実は、ほとんど諭吉が負担したらしい。同一三年、岡本貞烋《ていきゅう》宛書翰には、「会堂建築は九月七日着手、八〇日間に出来の約束、各位御引受の金額は第六銀行へ御差入相成度」と記している。そして、維持費を毎月集めなければならないとして、「毎月醵金には心当の人」として、二六名ほどの氏名があげてある。同一五(一八八二)年五月の荘田平五郎宛書翰では、「過日来御承知の通り彼の会堂には非常の負債、毎月の維持等にて困却極る訳にて」と記している。改進党で使用したいといっているが、いざ金の話になると、なかなか出さないと困っている様子が知られる。改進党は、この会堂で結党式を明治一五年四月一六日に行ったのである。

また第一二編のうちの、もう一つの人民の品行について論じているところでは、「人の見識を高尚にして其品行を提起する法」は、「事物の有様を比較して上流に向ひ、自から満足することなきの一事に在り」という。一国についていうならば、「其国悉皆の有様」を詳細に明らかにして、一より一〇に至るまで他国と比較しなければいけない。植民地ないし半植民地になったインドやトルコの先例がある。「洋商の向ふ所は亜細亜に敵なし。恐れざる可らず。若し此勁敵《けいてき》を恐れて兼て又其国の文明を慕ふことあらば、よく内外の有様を比較して勉る所なかる可らず」という。

文明開化批判

一三編は、「怨望の人間に害あるを論ず」で、およそ人間の不徳に種々あるなかでも、もっとも人間の交際に害のあるものは「怨望」である。それは、「『働の素質』に於て全く不徳の一方に偏し、場所にも方向にも拘はらずして、『不善の不善』なるものである。従党・暗殺・一揆・内乱も、怨望より生ずるもので、すこしも国の益になることなく、その禍は全国に波及する。そういう怨望のおこる原因は、「窮の一事」にある。その「窮」とは、人の言路をふさぎ人の行動を妨《さまた》げるなどのように、「人類天然の働を窮せしむることなり」という。それは単に政治上に限るものではなく、人民の間にも行われて毒を流すことははなはだしい。そもそも人生活発の気力は、物に接しなければ生じ難い。「自由に言はしめ、自由に働かしめ、富貴も貧賤も唯本人の自から取るに任して他より之を妨ぐ可らざるなり」というのである。

一四編は、「心事の棚卸」と「世話の字の義」とである。前者は、事業の成否得失につき、ときどき自分の胸中に差引の勘定を立てることで、商売でいえば、棚卸しの総勘定のようなものである。「一身の有様を明かにして後日の方向を立てるものは智徳事業の棚卸なり」と諭吉はいう。

後者の「世話の字の義」は、真によい世話には、「保護と差図《さしず》の両様の義を備へて」いなければならないとする。その例としていくつもあげているが、例えば貧民救済についていえば、「人物の良否を問はず其貧乏の原因を尋ねず、ただ貧乏の有様をみて米銭を与える」とする。ところが、なかには、「五升の御救米を貰ふて三升は酒にして飲む者なきに非ず。禁酒の差図も出来ずして慢に米を与ふるは、差図の行届かずして保護の度を越へたるものなり」というのである。このとき、諭吉は用心深く、これは、「経済の公論」であると限定している。私的に保護の世話をすることは、「恵与の心は最も貴ぶ可く最も好《よ》みす可きものなり」とつけ加えている。

一五編は、「事物を疑て取捨を断ずる事」という題で、西洋一辺倒の社会の傾向を批判している。「此雑沓混乱の最中に居て、よく東西の事物を比較し、信ず可きを信じ、疑ふ可きを疑い、取る可きを取り、捨つ可きを捨て、信疑取捨其宜を得んとするは亦難きに非ずや。然り而して今此責に任ずる者は、他なし、唯一種我党の学者あるのみ。学者勉めざる可らず」と。明治九（一八七六）年七月に至って、諭吉は、文明開化の風潮に冷水を浴びせようとしたのである。

「ただ遺憾とする所は」

一六編は、「手近く独立を守る事」と、「心事と働と相当す可きの論」である。前者は、「銭を用るの法を工夫し、銭を制して銭に制せられず、毫《ごう》も精神の独立を害すること勿らんを欲するのみ」といっている。

後者は、言と行、あるいは志と功とは相当しなくてはいけない。「議論と実業には寸分も相齟齬《そご》せざるやう正しく平均せざる可からざるものなり」とし、「其互に相助けて平均を為し以て人間の益を致す所と、此平均を失ふよりして生ずる所の弊害を論」じている。

一七編は、「人望論」である。人望は「其人の活発なる才智の働と正直なる本心の徳義とを以て次第に積で得べきものなり」という。

栄誉人望は、「勉めて之を求めざる可らず、唯これを求むるに当て分に適すること緊要なるのみ」と。ここにも「分」が出てくる。「多くの事物に接し博く人に交り、人をも知り己をも知られ、一身に持前正味の働きを逞《たくまし》ふして自分の為にし、兼て世の為にせん」。そのためには、「第一、言語を学ばざる可らず」「何はさておき今の日本人は日本語を巧に用ひて弁舌の上達せんことを勉む可きなり」「第二　顔色容貌を快くして、一見、直に人に厭はるゝこと無きを要す。」「顔色容貌の活発愉快なるは人の徳義の一箇条にして、人間交際に於て最も大切なるもの」だからである。第三には、「人に交らんとするには啻に旧友を忘れざるのみならず、兼て又新友を求めざる可らず」。そのためには、人に接しなければならず、「恐れ憚《はばか》る所なく、心事を丸出にして颯々《さつさつ》と応接す可し」という。

以上で『学問のすゝめ』一七編は終了する。「明治五年二月より一〇年一〇月まで其発売の数合して五九万八四六部」「天下の人心に多少の差響《さしひびき》あることならん」。しかし「唯遺憾とする所は、其毎編の所論連絡なきが為に、或は読者の誤解を致す可きやの一事なり」。そこで「数百の筆を労して、初学の経済論に必用と思ふ箇条を綴《つづ》りて一筆書の体裁と為し」たのが『民間経済録』（明治一一年一一月草）であった。「学者これを彼の学問の勧に照合して互に参考せば、了解に便利なることある可し」と記している。ついで、同一三（一八八〇）年六月には、『民間経済録』二篇を草した。初篇は、一五、六歳の児童を対象とし、二篇は一八、九歳の男女、まさに社会の一員たらんとするときの読者を想定している。

3　所謂「明治一四年の政変」

福沢諭吉と西村茂樹との分かれ

西村は、明治九(一八七六)年四月七日、有志七名とともに東京修身学社を創設。日本弘道会の始まりである。漢学者の陵谷素、東洋史学者の那珂通世、統計学者の杉亨二、教育行政官の辻新次ら、多分野にわたっている。

西村は、同年一月一九日、宮内省御用掛を仰せ付けられ、二月二三日文部大丞(次官の下)に任ぜられ、一〇年一月一二日文部大書記官(次官)に進んだ。御用掛になっても侍講も同様に勤務すべしと命ぜられた。

この頃から、福沢諭吉と西村茂樹の相違点が明確になってくる。西村の東京修身学社創立の由来は「日本弘道会創立紀事」に記されている。岩倉遣外使節の帰国以来、本邦固有の精華を棄てて百事則を欧米に取ろうとする念を発する者が多い。上下の風俗、軽薄、浮華に流れ、知術を尊んで篁行を後にし、法律を以て道徳に代えようとし、廉潔にして貧賎なる者を侮り、貪冒にして富貴なる者を貴ぶの風となった。西村はこれを憂えて、東西の教を混合融化し、時勢に適する一つの新道徳学を樹立しようとしたのである。

その基本がカントの説で、「職分(義務)」である。カントはその著『実践理性批判』の「第一部第三章　実践理性批判の動機について」に、次の言葉を記している。

「義務よ！　気味の崇高にして偉大なる名よ。」

西村は、明治一六年ごろに自分の言葉で、「職分」について記している。「華族前田氏の為に政治学・経済学を講ずるの前言」である(『増補改訂・西村茂樹全集・第4巻』収録の「偶筆一」による)。それには、道徳学の題目が列挙してある。

道徳の主義、良心、人欲、一身の職分、家倫相互の職分、人に相互の職分、政府の民に対する職分、国民の政府に対する職分、国と国と相対する職分、人民の上帝に対する職分等(以上)。

右のような西村の姿勢に対して、福沢諭吉の啓蒙書著述の姿勢は変わらなかった。

福沢は明治三〇(一八九七)年七月、『福翁百話』を刊行した。この著述で、彼は維新以来、わが国の文明が、ある程度進歩したことを認めている。そのうえで、さらに前進しようという姿勢を示している(旧版、二〇九～二一〇頁)。

「今日の日本は真に文明開化の日本にして昔年を想い起せば一切万事所望以外に達して聊か遺憾なきが如くなれども、扨てこの一段に至り更らに言葉を改めて大に論ずべきことこそあれ。即ち吾々国民は決して今日の有様に満足す可らざるの一事なり」(「国は唯前進す可きのみ」)。

西村茂樹は、「明治一四年の政変」を批判して以後、終生、国家神道に依拠する明治政府を弾劾し続けた。西村は『泊翁巵言・第一册』の「(六二)維新以来の改革」(明治一四年頃のものか)で、「維新の改革は、利少くして害多しと断言するを得べし、世人が漫に文明に進みたりとか長足の進歩を為せりとか言ひて称賛するは諂諛の語のみ」と記している。

西村の発言は、福沢のそれと全く反対である。ちなみに、『泊翁巵言』は、西村の存命中は公表しないと宣言している内密の原稿であった。

西村は、旧全集である『西村茂樹全集・第一巻』に収録の『泊翁巵言・第一册』の(一四)・(一五)に記しているように、「(一四)立憲政体の冀望」を削除している。

新全集『増補改訂・西村茂樹全集　第三巻』では、旧全集で削除した文章を復元した。

上記のように『泊翁巵言』は、内密の原稿であるから、削除する必要はなかったと思うのであるが、西村は、もし万一、この文章が伊藤博文の目に触れることを危惧したのである。政府は明治一三（一八八〇）年に「集会条例」を制定、「新聞紙条例改定」により言論弾圧を強化していた矢先である。西村が上記（一四）を削除せず、それがもし伊藤の目にとまれば、三か年くらいは禁固されたであろう。『東京曙新聞』の藤波篤二郎は、明治一三年一〇月一三日、禁固三か年、罰金八〇〇円の刑を受けていた事実がある（岡野他家夫『明治言論史』）。

西村茂樹は文部省の官吏であったから、禁固されれば免職になる可能性もあった。

削除した（一四）の文章を次に記す。

「明治中興は非常に偉業なり、若し久しく威権を皇室にのみ聚め給ふときは、他年神器を覬覦《きゆ》する者を生せんも料り難し、此後皇位を安全にすべきの案は立憲政体を定め、立法行法司法の権を分割し玉ふより他に良法あることを見ず、彼神道者流が古代の古事を引きて敬神尊王を説く位にては文を予防する事は難かるべし、後明治十四年に至り立憲政体国会開設に詔あり」。

西村のいう「神道者流」とは次のような内容である。

「凡そ全国の人民、皆心を尽くして上御一人に奉仕しようと欲する時は、其の君が如何程我儘を為しても是がために国家の乱れることはない。人君の徳不徳を論じるのは極めて不臣の至りである」（西村茂樹の晩年の著述『徳学講義』による）。

諭吉の政変に関する態度と『帝室論』

西村茂樹の動きとは別に、福沢諭吉は「明治一四年の政変」に関して、どのような態度をとったのかということを観てみよう。

明治一三年は、自由民権運動が全国的に高まった時期である。日本で最初の全国的規模の自由民権結社は愛国社である。愛国社は明治八（一八七五）年二月、板垣退助・片岡健吉ら立志社の社員が中心になって大阪で結成され、全国の民権運動の指導的役割を果たした。この愛国社が明治一三年に至り名称を国会期成同盟と改め、同年四月これを基盤とし二府二八県の有志八万七千余名が連署した国会開設上願書を政府に提出するに至った。これに対して政府は、冷然として拒否する態度に出たのであるが、政府としてもこの情勢を無視することはできなかった。政府首脳の間には、右のような国内情勢に対応し、新しい政府体制確立のための国会開設の準備と憲法政治の整備にとりかからなければならない時期に立ち至ったとの認識がたかまってきた。そこで諸参議の国会開設意見書の提出が実施されたのである。しかし、政府首脳たちは、国会開設の必要性は認めても、いかなる内容のものであるべきかという具体策については、未だ何ら確かなものをもつに至っていなかった。

明治一四（一八八一）年一月に至り、御前会議を開いてさきに提出された諸参議の国会開設意見書について評議することになった。それに先立って諸参議の意見内容を整理する必要があるとして、その役割を主席参議の大隈が担当することになった。しかし、その担当者である大隈だけが、意見書を提出していなかった。有栖川宮左大臣（熾仁親王）は、大隈に向かって意見書の提出をたびたび催促した。こうして大隈は、同一四年三月に至り、矢野文雄・小野梓の両人に意見書を起草させ、それに日本国国憲案をそえて提出した。それ以前に諸参議より提出されていたものには、憲法構成についての具体策は提示されていなかった。明治一四年三月の主席参議大隈の意見書で初めて具体的な立憲構想が記述されたのである。

大隈の意見書の趣旨は、「国人の輿望を察して政府の顕官を任用するイギリス流の議院内閣制」の採用にあった。大隈重信＝矢野文雄によれば立憲政治においては、「国民の輿望を表示する場所」は「国議院」であり、国民の輿望というのは、この「過半数を形る政党の首領」こそが、国民「輿望の帰する人」というべきであるとみて、議院内閣制を主張したのであった。

大隈意見書は、欽定憲法説をとる点で、民権派の憲法案と一線を画していたが、憲法においては、「治国政権の帰する所を明にする」ことと、「人民各自の人権を明にする」こととの二つが明確に規定されていなければならないと説く点において、立憲に関する認識は正鵠を得ていた。しかも明治一四年中に憲法を制定し、翌明治一五年末に国会議員の選挙を行い、翌々明治一六年初頭には国会を開設すべしという、いわば即時断行論であった。その背後には、「去歳以来、国議院の設立を請願する者少からず。然らば則ち法制を改進して以て国議院を開立せらるゝの時期ようやくまさに熟すと云ふも可なり」という、自由民権運動展開の情勢に対処しようとする認識があった。このような認識の根底に、情勢の先取りによる政権獲得の志向があったことは疑うことはできない。

君権主義の権化岩倉具視と政府部内の「開明派」をもって自認する伊藤博文は、この大隈意見書の背後に、滔々たる民権運動の奔流をみた。「明治一四年の政変」は薩長藩閥政府を確立させるとともに、彼らの手によって漸進的に立憲政体を樹立してゆく方向を決めた。岩倉・伊藤・井上らが大隈追放の策謀のなかで憲法の大綱を案出するのに懸命となったのは、大隈意見書、ひいては民権派の憲法構想に対抗できる立憲構想なしには、大隈を追放できてもその後の政権維持に自信が持てなかったからである(以上、次の書参照。『近代日本政治思想史(1)』編集、橋川文三・松本三之介。二一一〜二一三頁)。

この大隈の意見書を受けとった有栖川宮左大臣は、大隈の意見が予想外に激しいのを見て驚き、他見を禁じられていたにもかかわらず、これを三条太政大臣と岩倉右大臣に内示してしまった。これをみせられた両人もまた驚いた。

六月に至り、大隈の意見内容を知った伊藤博文は激怒した。そして、三条太政大臣ならびに岩倉具視に宛てて手紙を送り、大隈意見に全く反対であること、大隈とは事を共にすることはできないから、参議を辞任したいと強迫した。岩倉は両人の間に奔走して妥協するようにつとめたが、成果はなかった。

伊藤は明治一四年七月、大隈と会見した時、大隈の意見書を「君権を人民に放棄するもの」であるとして非難した。この発言は『伊藤博文伝』(春畝公追頌会編)に記してある。

西村のいう「神道者流」の伊藤が作成した帝国憲法は、西洋近代立憲主義の憲法ではない。その基本に国家神道があって、国家神道の下に帝国憲法があって、「憲法」という名称を借りていても、西洋近代の憲法とは全く異なるものである。

平山本(三二九頁)の「明治十四年の政変の経過」を記した箇所で、岩倉具視や伊藤博文、また井上馨も、国会開設自体についてはとくに反対していなかった。彼らが断乎拒否したかったのは、内閣を議会から選ぶことの方であった、と記している。

福沢は、一〇月一四日に井上と伊藤に宛てて長文の手紙を書いているが、そこでは、両人が国会開設に賛成していたのになぜ態度を変えたのかと、両人を強く批判しているものの、「十四年政変」の原因を、議院内閣制と結びつけて理解してはいない。

福沢の『帝室論』について、平山本は、これを高く評価している（三三四～三三五頁）。『帝室論』は、明治一四年五月から六月にかけて、『郵便報知新聞』に掲載された交詢社憲法草案の解説「私考憲法草案」のうち、天皇と内閣に関する条文についての記述を敷衍したものである。諭吉は議院内閣制を採用して軍事を含む内政外交の全責任を首相に負わせることが、ひいては天皇の権威を守ることになると確信していた。七年後に制定されることになる大日本帝国憲法では、統帥権（軍事指揮権）が直接天皇にあるとされたため、第二次世界大戦終結時にその戦争責任が問われることになったのだが、交詢社案が採用されていれば、そのような事態は避けられたはずであった。そうした状況を予測して、天皇の責任をあらかじめ回避したこの『帝室論』は、近代の天皇制度論として屈指の秀作であると私は思う、と。

以上が平山本の叙述である。福沢の『帝室論』と大隈が明治一四年三月に、有栖川宮左大臣（熾仁親王）に提出した「日本国国憲案」とは異なっているのか。中村尚美『大隈重信』は、大隈の主張はイギリス流の議会政治であると記している。それならば、福沢の『帝室論』と変わらない。しかし、この『帝室論』が、国家神道の制度の下に置かれた時は、実行不可能になるのである。

大隈は、明治一四年一〇月一一日に罷免された日のことを回想して語っているが、これは『大隈侯昔日譚』に次のように記されている。

一四年一〇月一一日、天皇は無事に巡幸を終えて帰京することとなり、大臣・参議一同が千住駅まで出迎えた。大隈は仲間から引き離された。一行はそのまま赤坂離宮に到着し緊急御前会議が開かれた。ここで、払下げの中止・大隈の罷免・国会開設の詔勅発布のことが決定し、翌一二日にそれらが布告されたのである。まさに電光石火の早業であった。

御前会議の当夜、伊藤と西郷（従道）が政府を代表して大隈邸を訪れ、その罷免決定を報じ、辞表提出を迫った。大隈は「体のいい罪人扱ひとなって了ったんである」といっている。「明治一四年の政変」は、単なる政変ではない。国家神道の国家を確立するための「クーデター」であった。

このような大事件の本質を、福沢は本当に気がつかなかったのであろうか。知らないふりをしていたのではないかとも推測できる。

伊藤博文は、国家神道を「明治一四年の政変」で制度として確立しただけでなく、国民の心のなかまでも国家神道で束縛しようとしていた。『西洋品行論』と、『西国立志編』の二書は、イギリス人の原著を翻訳したものである。教科書として採用する場合には、そのなかの一部を削除せよと伊藤はいうのである。翻訳書にまでも削除を指示しているのである。

『西洋品行論“Character”』は欧米諸国の人々に愛読された。中村の翻訳書は明治一一(一八七六)年六月出版。

『西国立志編“Self-Help”』。中村の翻訳書は、明治三(一八七〇)年の初冬である。第一冊の第一頁に、「駿河国静岡藩　木平謙一郎蔵版」と記してある。この書は、内田正雄『輿地誌略』・福沢諭吉『西洋事情』とともに、明治の三書と称せられたベストセラーなのである。

中村の明治一五年三月一三日の日記に、削除のことが記されている。

「一三日、品行論可レ刪、如レ左」、「立志編可レ刪、如レ左」、がそれである。両書の削除を指摘された箇所は、両書ともに一〇か所ずつである。

『西洋品行論』の中の削除を命じられた章の中には、『第七册』の「第二十三章　善ヲ行ヒ職分ヲ尽シ国ノ為ニ死ヲ致スハ光栄ナル性質ナリ」がある。『第十一册』の中の五つの章は、「男女恋愛ノ事ヲ論ズ」をはじめとして男女間の愛情、真正の愛を大切にしている文章である。

『西国立志編』の削除を命じられた章のうち、とくに注目されるのは、『第一編』の「第二章　人民ハ法度ノ本」である。これは、『西国立志編』のなかでも根本の章である。「邦国ニテ立ツトコロノ法度、タトヒ美ヲ尽シ善ヲ尽スト雖モ、人民ノ為ニ真実ノ助ケトハ成ラザルコトナリ」という語である。

この「刪ル可シ」のことを、福沢は知らなかったことと思うが、伊藤博文の国家神道信仰というのは、こういうものであった。

福沢は、伊藤が国家神道の信者であることに、気がつかなかったのであろうか。

4 『時事新報』刊行の経緯

『時事新報』創刊

『時事新報』の創刊は、明治一五(一八八二)年三月一日である。諭吉が新聞刊行にたずさわる気をおこしたのは、明治一三(一八八〇)年末から一四(一八八一)年初めのころである。そのころ政府が自由民権運動のたかまりのなかで、ひそかに政府なりの国会開設を企図した。政府首脳の大隈重信・伊藤博文・井上馨の三者間でその計画を進めていた。それについて、政府の公報紙のようなものを刊行しようと、中上川彦次郎を通して諭吉に引き受けないかと頼んだのである。諭吉は政府が国会を開く覚悟であるのを聞いて感激し「斯《か》くては明治政府の幸福、我日本国も万々歳なり、維新の大業有始有終ものと云う可し、諭吉も固より国のために一臂《ひ》を振はんとて、即座に新聞紙発兌《だ》の事を諾し」たのである。このときの諭吉は「其発兌の主義の公明正大なる悦び、此一発を以て天下の駄民権論を圧倒し、政府真成の美意を貫通せしめんとする丹心」であった（井上馨・伊藤博文宛書翰、明治一四年一〇月一四日）。

そこで、親友の長老二、三のほかは誰にも話さず、ひそかに新聞発行の準備を進めた。ところがこの計画は、明治一四年の政変で立ち消えになったのである。この政変は、諭吉と親密で、イギリス流の議会政治をめざしていた旧肥前藩出身の大隈重信が、伊藤博文・黒田清隆ら薩長藩閥によって政府から追放されたものである。このとき、大隈の下にあった慶応義塾出身の官吏もすべて職を解かれたのである。この政変後、諭吉は、民間独立のものとして新聞発行を決心した。これが『時事新報』で「専ら近時の文明を記して、此文明に進む所以の方略事項を論じ、日新の風潮に後れずして、之を世上に報道せんとする」趣旨から、つけられた紙名であるといわれる（「本紙発兌之趣旨」）。

明治一五（一八八二）年一月二七日、慶応義塾の集会を開き、不偏不党の新聞紙発行の決意を述べている。この二四日の荘田平五郎宛書翰で、『民間雑誌』発行のときはすっかり門下生に任せてしまい不始末を来たしたから、今回は「小生も少しく労して筆を執るべきやに」考えているると記してある。二月一六日、「宛名不明」の書翰では、社説・論説は諭吉が自分で引き受けるつもりで用意していると記している。二月二〇日、『時事新報』発行が許可され、三月一日、創刊した。購読予約一四二〇。発行元は、慶応義塾出版社。発行の趣旨には、「日本国の独立を重んじて、畢生の目的、唯国権の一点に在る」、という。また、国会の開設されたときの政党政治を予想し、その場合にも不偏不党の立場をもって、政治・学事・工業・商売・道徳・経済、およそ人間社会の安寧を助けて幸福を進むべき件々は、もらすことなく紙面に記すといっている。

社長は中上川彦次郎で、経営は彼に任せ諭吉は執筆に専念した。その執筆は、漫言なども含めれば、およそ、二〇〇〇編近くになる。全集では、第八巻から第一六巻が「時事新報論集」になっている。

無私の立場で

明治一五（一八八二）年三月一日といえば、自由党はすでに組織され、改進党が結成直前で、帝政党も成立しており、東京・大阪をはじめ、各地にすでに存在していた政論新聞は、大体、それぞれ自由党か改進党また帝政党の機関紙またはそれに準ずる存在となっていた。それ以外に、各派の機関紙として新しく創刊されたものもあった。すなわち東京の四大新聞は、『郵便報知新聞』・『東京横浜毎日新聞』が改進党、『朝野新聞』が自由党系、『東京日日新聞』は帝政党というように、機関紙もしくはそれに準ずる存在になっていたのである。大阪の三大新聞では、『日本立憲政党新聞』が立憲政党の機関紙（自由党系）、『大阪新報』が改進党系、『朝日新聞』は、政府に逆らわない新聞になりつつあった。日本全体をみると、自由党の本拠地高知県などわずかな県を除くと、従来から有力な政論新聞は大体改進党系であった。自由党系の新聞は、多くの場合、党成立後に新しく創刊された。しかもその新発足のものの多くは短命であった。御用新聞の場合も同様である。このような情勢のなかで、社会百般の事象について、一党一派の偏見にとらわれず、自由に論評報道する新聞の必要を感じ、しかも、それをなし得るものは、自分をおいてほかにはないという考えで出発したのが『時事新報』であった。

諭吉が新聞の効果を認めたのは、万延元（一八六〇）年咸臨丸に乗船して渡米して以来のことである。定期刊行物として実際に発行したのは、明治七（一八七四）年二月創刊の『民間雑誌』、同九（一八七六）年九月創刊の『家庭叢談』がある。後者は同一〇（一八七七）年四月『民間雑誌』と改題、その直後日刊となった。これは今日の新聞に近いもので前者とは別のものである。これらは永くは続かなかったが、その原因の一つは諭吉みずからいっているように、編集発行を門下生に任せていたためと思われる。これらは、大衆の啓蒙を最大の目的としていた。

諭吉は、その門下生を積極的に新聞界に送り込んでいる。『郵便報知新聞』は、その最たるもので、明治七年、旧幕臣栗本鋤雲《じょうん》が入社して以来、明治前半においては、同社の主要記者は全部、慶応義塾出身者であった。藤田茂吉・矢野文雄・箕浦勝人・加藤政之助・犬養毅・尾崎行雄・森田文蔵などがそれである。明治七年から一五年までのこの新聞は、諭吉の新聞といえよう。『大阪新報』も同様に慶応義塾出身者で占められていた。明治一五、六年までの日本の新聞界は、義塾出身者が風靡《ふうび》していたといっても過言ではないだろう。

これによっても、諭吉が新聞を重視していたことがわかる。それにもかかわらず、諭吉が、なおそのうえに、しかも『郵便報知新聞』などはそのために大きな影響をうけることになるのに、新しく新聞を発行したのは、当時の新聞があまりにも政治的偏向が強く、国民大衆を無私の立場から啓蒙し、近代市民的精神の覚醒を嚮導することを忘れていたからであった。『時事新報』は、他の新聞に比べて、著しく多方面にわたっており、終始合理主義に貫かれている。また男女関係論にあれだけの紙面をさいた新聞はほかにはない（全集第一一巻付録、西田長寿「『時事新報』創刊時の地位」）。

また、当時の新聞が国内の報道をもっぱらにし、外国の出来事は、横浜の外事新聞から転訳する程度にすぎなかったのに対し、『時事新報』は外国の新聞雑誌により海外の事情を詳細に報道していた。

彦次郎の登用

『時事新報』は、その個人的心情をいえば、諭吉が、中上川の地歩を民間において雄大ならしめようとして創刊し、中上川をしてその事業にあたらせようとしたものである。それゆえに、中上川が、明治一四(一八八一)年の政変で野に下ると同時に、新聞創刊の計画は、にわかに進展して、翌一五(一八八二)年早々に発行されたのである。慶応義塾で中上川の後輩である末延《すえのぶ》道成は、以上のように記している。また、鈴木梅四郎は、「福沢先生の説を実地に応用し、実業社会の進歩発達を計って、所謂、実業文明化の急先鋒となったものは、まず中上川先生であると云はねばならぬ」と記している(『中上川彦次郎伝記資料』)。

その中上川は、明治一四年の政変までは、井上馨《かおる》のもとで、外務省公信局長という要職についていたのである。

中上川が井上に認められたのは、イギリス洋行中のことであって、中上川は小泉信吉とともに井上夫人のために英書を教授するなど足繁く往来して、井上から無二の青年と鑑識《かんしき》されたのであるという。中上川は在英四年、ヨーロッパ視察にきた木幡篤次郎とともに明治一〇(一八七七)年一二月帰国した。大久保が暗殺されたのち、井上馨は帰国して工部卿となるや中上川も工部省に出仕し、井上が外務卿になると同一二(一八七九)年一〇月、また中上川は外務省小書記官に任ぜられ、ついで翌月、公信局長となったのである。ときに二五歳、異例の抜擢《ばってき》であった。

公信局とは、外交通商事務、海外外交官との連絡を所管事務とする重要な局である。当時の外務省は、条約改正問題に取り組んだときであり、彦次郎は、改正素案の検討、諸案の作成に参画したと思われる。彦次郎は、この期間も諭吉と住居を同じくしていた。そこで明治一四(一八八一)年の政変前の井上・伊藤と諭吉との間で連絡の役割を果たすことになった。諭吉が、井上・伊藤・大隈の依頼によって、新聞を発行しようとしたとき、彦次郎は、みずからこれにあたる決意であった。同一四年、交詢社の「私擬憲法案」の起草にも、小幡・矢野文雄・馬場辰猪《たつい》らとともに、その中心になっている。この九月には、新聞発行のために井上外務卿に辞意を表明していたが、政変によって下野したのである。

彦次郎の手腕

彦次郎は、諭吉の姉お婉の長男である。彼の家は、中津藩の中士に属し、少年時代に儒学ないし漢学を修得したが、明治二（一八六九）年、一五歳のとき、藩に洋学修業を願い出て、大阪の山口良蔵について英語の手ほどきをうけた。山口は、諭吉と適塾での同窓で、適塾の後継者になった人物であり、諭吉が、もっとも信頼していた友人の一人であった。同年五月上京して慶応義塾に入門した。上京後は諭吉の自宅に寄宿し、以後二年四か月ほど義塾に学んだ。諭吉に才能を認められるとともに、肉親の一人として非常に愛され福沢家からは家族の一員として扱われ、諭吉の転地から物見遊山にまで同行している。

明治四（一八七一）年九月、義塾を卒業し、同年郷里の中津に設立された中津市学校の教師として小幡篤次郎・松山棟庵《とうあん》とともに赴任した。彦次郎の父が死んだので、母および妹をつれて上京したのが七月である。その後、明治六（一八七三）年また神山県（旧宇和島他）の招聘《しょうへい》で、

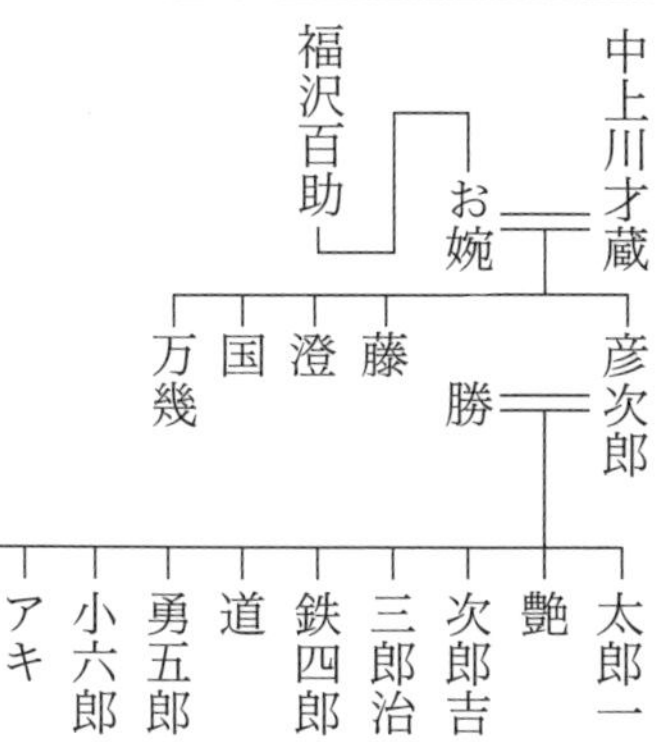

中上川家略系図

七か月ほど大洲および宇和島の学校に赴任しているが、義塾にもどってくると、同年九月から翌七(一八七四)年一〇月までの間、義塾の教師をしながら、諭吉の指導のもとで活発な文筆活動を始めた。

明治六年秋ころより、洋行を切望するようになり、諭吉もその熱意に動かされて、同じ門下生の小泉信吉と同行することを許し、彦次郎の費用は、諭吉が負担することにした。彼が洋行を望んだのは、内外の地理に深い関心と知識をもっていた事実や、彼がこのころから政治家を志望し、諭吉のもとで欧米の議会政治の研究をしていた事情などのことを考える必要があるという。こうして彦次郎が、横浜から出発したのは、明治七年一〇月で、二〇歳のときであった。諭吉は、ロンドンにいる馬場辰猪に、彦次郎のことを依頼しているが(明治七年一二月一二日、書翰)、その書翰のなかで、「我輩の目的は我邦のナショナリチを保護するの赤心のみ。此度二名の洋行も其万分の一のためなり」と記している。上記のように、この英国留学中に井上馨に認められたのである。また星亨《とおる》とも親しくなった。そして明治一〇(一八七七)年一二月下旬に帰国したのである。

諭吉は、帰国後間もない彦次郎を、明治一一(一八七八)年三月一日、『民間雑誌』(『家庭叢談』を改称したもの)の編集長に任じ、同時に雑誌を完全な日刊新聞とした。同紙は、諭吉が内務省の干渉を拒否したため同年五月一九日付で廃刊となってしまったが、この経験や経歴が、のちに『時事新報』の社長にされたことに関係があるだろう。彦次郎が工部省に出仕するのは、同誌の廃刊後である。

彦次郎の『時事新報』における活動は、(一)経営、(二)編集、(三)論説・漫言や報道記事の執筆、この三部門にわたっていた。彦次郎は、社長として新聞発行に関する業務と営業(販売)の最高責任者であり、日々の業務も統轄した。もっとも、金銭の出納事務は諭吉自身が行い、人事も諭吉が多くのことを決したらしい。新聞社の経営は彦次郎の社長時代にその努力によって基礎が確立している。

『時事新報』時代の彦次郎は、前外務省公信局長として、諭吉とともに、当時の東洋の情勢ないし国際情勢を認識し、すなわち、壬午の変(一八八二)および甲申の変(一八八四)の二回にわたる京城事件と清国との間の天津条約による収拾、フランスと清国との戦争など重大な局面を認識し、軍事および外交問題を論じた。欧米諸国の海軍力と比較して、日本の海軍軍備の拡張を論じ、清仏戦争(一八八四～八五)については、これを列強のアジア侵略の表れであり、清政府滅亡の伏線であるとなし、中国が列国に分割される未来を予想して、日本の軍事と外交の将来について警告している。朝鮮事変に対しては、日本は被害者であるとして、強硬論を唱えた。

『時事新報』を発行した慶応義塾出版社は、業務の発展にともない不便になったので、明治一六（一八八三）年一〇月、日本橋通町三丁目に移転した。そして、同一七（一八八四）年七月に、時事新報社と改称した。さらに、同二〇（一八八七）年には、京橋区南鍋町二丁目に新たに社屋を買い入れて移転した。交詢社の隣であった。

明治二〇年三月、彦次郎は、山陽鉄道会社の創立とともに創立委員総代に選任され、同時に『時事新報』の社長を辞任した。

『時事新報』総編集者の変更

日清戦争当時の論説担当石河幹明にとっては、戦争がすべてであったが、諭吉にとってそれは関心事のごく一部にすぎなかった。

明治二七（一八九四）年の諭吉が熱心に取り組んでいたのは、医学者北里柴三郎を助けて、設立されたばかりの私立伝染病研究所の運営を円滑に進めることであった。

従来の研究では、諭吉が戦争期間中、日々『時事新報』に社説を寄せたかのように書かれているが、これは事実に反する。これは、石河幹明のつくった虚偽の説である。

また戦争中に執筆された『福翁百話』の各話に、諭吉のいわゆる侵略的絶対主義をうかがわせるようなものは、一つもない。

石河は、約四〇年後の満州事変（昭和六年）後の時局に適合的な福澤諭吉伝と『続福澤全集』を編纂し、そこで国家膨張論者としての福澤諭吉像を強く打ち出しているが適切でない（以上、平山洋著『福澤諭吉』の三四九〜三六六頁参照）。

諭吉が日々の社説欄の差配から退いた時期は、ほぼ明治二五（一八九二）年四月であると、平山氏は推測している。日清戦争より前である（平山洋『福澤諭吉』（三五六頁）。

右のようなことで、次に、石河幹明と伊藤欽亮について記すことにする。

石河幹明・伊藤欽亮の経歴

『時事新報』は、明治一五（一八八二）年三月一日に創刊。「明治一四年の政変」で官界を追放された福沢の弟子のうち、中上川彦次郎・牛場卓蔵・森川岩楠らは、創刊草々の『時事新報』の編集にたずさわった。

『時事新報』は、もとはといえば、伊藤博文・井上馨・大隈重信らの申し出によって準備を進めていた新聞であった。すでに福沢は編集部の確保や印刷機械の購入のほか、将来の新聞社を支える人材を養成するため、水戸藩出身者を給費生として入学させていた（明治一四年五月）。彼ら四名の給費生、高橋義雄・渡辺治・石河幹明・井坂直幹のうち、石河を除く三名は翌年創刊されたばかりの『時事新報』に参加している（平山本により叙述）。平山本では、ここに、明治一五年五月に刊行された『帝室論』について記しているが、これはすでに「福沢の国家神道に関する知識に」ついてで記しておいた。

石河幹明は、高橋義雄・渡辺治らより三年遅れて入社し、以後大正一一（一九二二）年まで在籍した（平山本、三三五頁）。

日清戦争中の『時事新報』の紙面を統括したのは総編集伊藤欽亮であった（平山本、三六四頁）。慶応義塾の卆業生には珍しく長州の出身者であった伊藤は、その人脈を生かしつつ、記者たちに積極的な取材を命じ、優れた報道機関として『時事新報』の名を高めたという。

右の記述の中の、「伊藤欽亮は慶応義塾の卆業生には珍しく長州の出身であった」という語がもつ意味を次に説明したい。

明治政府の指導者たち、伊藤博文（初代総理大臣・公爵）、山県有明（元帥・陸軍大将・公爵）、山田顕義（陸軍中将・伯爵）、品川弥二郎（ドイツ公使、第一次松方内閣の内務大臣・子爵）らは、いずれも長州の吉田松陰の松下村塾の門人である。彼らは一五、六歳の少年時代に松下村塾で学び、尊王・攘夷の実践者となったのである。

松陰は門下生に、反対派の人材は暗殺してもよいと教えていた。伊藤は文久二（一八六二）年一二月一二日のイギリス公使館焼打ちに参加し、その直後の一二月二一日に、国学者塙二郎（保己一の子息）を暗殺している。伊藤欽亮が「長州の出身」という意味は、少なくとも明治政府首脳の意向にそって行動したであろうということである。「人脈を辿って」という言葉がそれである。

伊藤欽亮の役割について、平山本は記している。伊藤は福沢に重用されて、新聞社に関する内外の事柄はすべて伊藤に相談したという。彼の地位はすでに重きを加え、ついに明治二三、四年以後はほとんど伊藤内閣といってもよいほどの全盛時代にはいった、と。

石河幹明について平山本は記している。石河は、福沢から『時事新報』の論説について実権を与えられていたが、その経歴に問題があった、という。

石河は、桜田門外の変の首謀者である関鉄之介の姪と結婚していた。新婦の父の関恕《じょ》は関鉄之介の実弟で、井伊大老暗殺後に逃亡していた兄を匿っていた人物である。

そもそも水戸藩は、幕末に尊王思想が勢力を振るっていた。徳富蘇峰著『吉田松陰』（明治二六年版）の「第十一尊王」は、水戸藩の尊王思想について次のように記している。

「彼の藤田東湖が嘉永の末、安政の初めにおいて、徳川親藩の重臣たるにも係らず、かえって胸間の大秘密を吐きて、天皇の親政を主張し、天子国事に関すべからずと定めたる家康の憲法を破壊し、天子自ら天下に君臨し、将軍を使用する、手の指におけるが如くならずんば、以て大義を明かにし、人心を統一し、国力を振作する能わずといいしが如きは、すこぶる奇突の論たるが如しといえども、少しくその淵源と当時の情勢とに向って商量を費さば、その偶然にあらざるを知るにおいて余りあらん(中略)吉田松陰の如きも、またこの思想を吸い、この思想に養われ、この思想の勇将となれり」。

石河は、右記のような水戸藩の出身なのである。

右記のような伊藤欽亮・石河幹明の経歴をみるならば、明治二〇年代の『時事新報』経営の人事は、福沢らしくないと思う。あるいは福沢はこのことを承知のうえで行ったのであろうか。いずれにしても、この事実に、福沢と明治政府とをつなぐものが認められる。

西村は、明治三〇(一八九七)年九月、『続国家道徳論』を起稿する(公表しないから「刊行」ではない)。『国家道徳論』(明治二七年三月)を起草したのち半年後に日清戦争がおこった。そのためにわが国の形勢は一変した。そこで『続国家道徳論』を草すると記している。

この書は、日清戦争後の経営について論じているものであるが、その最初の節は「日清戦争」

である。この書は、西村の没後、明治四二（一九〇九）年五月に発行された『泊翁叢書第一輯』に初めて収録された。そのときに、上記「日清戦争」の節の一三行は伏字にして公刊されたのである。それが草稿の通りに復原されたのは、今次大戦後のことである。『弘道』九四九号、平成二年一一、一二月号掲載の「『愛国の情』と事理」（古川哲史）に収録されている。この「日清戦争」の部分は、日清戦争を不義の動機にもとづくものとして、批判していたからである。政府は、日清戦争勃発に際して、明治二七年八月一日、新たに、緊急勅令第一三四号を以てすべての出版物に対して草稿の事前検閲を行うことを命じた。その検閲は、明治四二年においても行われていたということになる。

『時事新報』に、日清戦争を批判する文章が掲載されるはずはなかったのである。石河幹明・伊藤欽亮の人脈が、日清戦争に関する記事で、種々の操作を行ったことは、当然の成り行きであった。

V 諭吉の宗教観

1 宗教について

世の平安を保つため

諭吉が官民調和を唱え始めてから、宗教の必要を説くようになったことが指摘されるが、彼の本心は、明治四(一八七一)年以降、変わっていない。彼は旧物破壊に専念した名残りで、宗教の必要を表面に出さなかったにすぎない。諭吉は、明治一一(一八七八)年から詩すなわち漢詩を作り始めるが、これは彼が旧物破壊から建設に転じたことの一つの表現であるように、宗教の場合もまた同じである。それでは、なぜ宗教が必要かといえば、道徳を維持、世の平安を保つためであり、いくら文明が進歩しても、宗教が不要になるときは来ないだろうという考えであった。

いま、簡略に、『西洋事情』以来、諭吉が触れている宗教に関する記事を辿ってみよう。『西洋事情』で最初に出てくる記事は、「巻之一」の「小引」に続く「備考」の「政治」のところで、「第二条信教」の項に、「人々の帰依する宗旨を開くことに付き議事院より其法則を立つることなく自由に之を許すべし」というように記されている。「巻之三」では、英国の「史記」と「政治」のなかで記している。後者では、「英国に於ては政府より人を教育するの法律を建ることなく、多くは宗門の社中にて学校を設け」というように、学校教育のなかで出てくるのである。

『西洋事情』二編では、その「巻之一」の「収税論」のうちの、「一国の財を費す可き工務を論ず」の第三に、「宗旨を護持するが為に財を費す事」という項目がある。これは、宗教を維持するために、国家が国民全体から税をとって宗教の保護にあたるべきか否かを論じているのであり、「余輩の論に拠《よ》れば、何等の事情あるも決して宗旨の為めに税を収む可らず」が結論である。ここでは、本来宗教は「自から為めにするのみにて、人の為めにするに非ず」、しかし、「宗旨に帰依すれば、其人の徳誼を修め、知識を開き、世の風俗を美にして、人各々其徳沢を被るが故に」ということが前提になっている。さらに、二編「巻之二」では、ロシアの政治のところで、寺院官という役があって国内宗門のことをつかさどることを記している。同じく「巻之三」のフランスの「史記」のところで、キリスト教のために戦争がおこったことがあると記している。

「徳義」を進めるために

次に『文明論之概略』についてみよう。

この全一〇章のうち、第四〜七章の四章分が知徳についての論である。宗教は、この「徳」のうちに含まれている。とくに「巻之三　第六章　知徳の弁」は、知と徳とを区別してその趣の異なるところを示すのを目的としているが、そのなかで、道徳と宗教とが「徳義」というところで関連して論じられている。

徳義にも智恵（諭吉は智の字を使っている）にも各二様の別がある。私徳と公徳、私智と公智がそれである。公智は大智といってもよく、この大智がもっとも重要である。それには、「聡明叡智」の働きが必要である。「智恵と徳義とは恰も人の心を両断して各其一方を支配するものなれば、孰《いず》れを重しと為し孰れを軽しと為すの理なし。二者を兼備するに非ざれば十全の人類と云ふ可らず」。徳義は一人の行いで、その功能《こうのう》のおよぶところはまず一家のうちにある。ところが智恵はそうではない。例えば蒸気機関の発明のように、ジェイムス・ワットがこれを発明して、世界中の工業はこれの恩恵で一変した。アダム・スミスが経済の定則を発明して世界中の商売は面目を一新した。

「徳義の事は古より定て動かず」。キリスト・孔子による十戒・五倫は、聖人の定めた教えの大綱領で、数千年の古より変えることができない。「徳義の事は後世に至て進歩す可らず。開闢の初の徳も今日の徳も其性質に異同あることなし」。ところが智恵はそうではない。徳義は形をもって教えることはできない。それは、学ぶ人の心の工夫にある。それに対して智恵は、「学ぶに形を以てして明に其痕跡《こんせき》を見る可し」。

こうして、私徳は他人の力をもって容易につくることのできるものではない。また、たとえ、これをつくることができても、智恵に依頼しなければ用をなすことはできない。「徳は智に依り、智は徳に依り、無智の徳義は無徳に均しきなり」とする。

宗教は文明進歩の程度にしたがってその趣を変えるものである。キリスト教にしても、そのはじめのローマの時代では、ローマ時代の文明に相当した野蛮なものにすぎなかった。それが文明の進歩にともなって形を改めてきたのである。宗旨に、「学者の力を尽すも政府の権を用るも如何ともす可きものに非ず。唯自然の成行に任ず可きのみ。故に書を著して宗旨の是非を論じ、法を設けて宗旨の教を支配せんとする者は、天下の至愚と云ふ可し」となる。

昔、西洋諸国の歴史上において、宗旨のために戦争をおこして、異宗徒を殺戮《さつりく》した例は間々ある。これは、「私徳の足らずに非ず、聡明の智恵に乏しきなり」。智恵に徳義の光明を増すだけでなく、徳義を保護して悪を免かれさせるものである。

「第八章　西洋文明の由来」は、「フランスの学士ギゾー氏所著の文明史及び他の諸書を引て」、その大意を記しているのであるが、そこには、近代以前の西洋文明史上においてキリスト教の果たした役割が記されている。

「第九章　日本文明の由来」では、仏教のことが二ページ半ほどにわたって記されている。日本の仏教は、「初生の時より治者の党に入て其力に依頼せざる者なし」「日本の宗旨には、古今其宗教はあれども自立の宗教なるもののあるを聞かず」「其教に帰依する輩に信心の本心なきも亦驚くに足らず」。日本の歴史事実のうえからみれば、「仏教は唯是れ文盲世界の一器械にして、最愚最陋の人心を緩和する方便たるのみ」といい、本当の意味の宗教は、日本にはなかったと断定している。

要するに『文明論之概略』においては、宗教は「徳義」を維持するうえにおいて重要であること、文明がいくら進歩しても宗教は消滅しないであろうとされている。宗教は社会的効用において重視されているといえよう。しかも、宗教の本質には進歩はないから、宗教を文明の進歩とともに効果あらしめるものは、智力の進歩である。だから智力の進歩は非常に重要な意味をもってくるのであり、諭吉が、はじめ、宗教を強調しなかった理由は、ここにある。諭吉にしてみれば、「徳義」・「宗教」を否定したからでなく、「徳義」・「宗教」を進めるために、智力の進歩が必要であったのである。

既成宗教への批判

諭吉の宗教論が表面に出てくるのは、明治一五（一八八二）年、彼が、『時事新報』を発刊することからである。同年三月一三日に社説として、彼が慶応義塾内演説館において演説したものの大略が載せられた。題して「僧侶論」という。

その文頭に次のようにいう。「宗教の真偽正邪は我輩これを知らず、之を知るも之を論ずるを好まず、唯経世の一点より観察を下だして、外教の蔓延《まんえん》は之を防がざる可らず、之を防がんとして固《もと》より政府に依る可らず、独り学者に頼む可らず、又これに依頼す可き事柄に非ず、外教を防ぐには内教を以てせざる可らず、内国固有の宗教は仏法なり、仏法を以て耶蘇教を防ぐ可しとは我輩の持論にして、此一事に就て頼む所は唯仏法のみなるに、爰《ここ》に我輩をして大に失望せしめんとするものあり。他にあらず、今の僧侶全体の風俗、是なり」と。

こうして、僧侶批判がなされたのである。

ついで、四月には、「神官の職務」と題するものが『時事新報』に載る。これは、この年一月二四日、内務省から、今後「神官は教導職の兼補を廃し葬儀に関係せざるものとす」という達《たつし》が発せられたことについて、諭吉の持論を述べたものであった。この達の趣旨にしたがえば、「神道は今後宗旨として認む可きものに非ざるなり。我輩は多年この義を論弁したることもありしが、今日実際に於て我持論の行はれたるを見るは欣喜《きんき》に堪へず」と彼はいう。諭吉は神官に何を期待したのか。

「国権の更張《こうちょう》を目的」として、神官が各地方において説教のときに、「専ら古今の歴史観を説き、彼の神変不思議なる神代の奇話の如きは草々にして之を略し、今の人心に信ず可きものを撰《えらび》て朝夕に説明」することを求めている。

それより二年後の明治一七(一八八四)年六月六、七日、諭吉は「宗教も亦西洋風に従はざるを得ず」なる社説を掲げた。これは次のような考えから記されたものである。「西洋人の眼より見て、己れと其文物制度を異にし、風俗宗教を異にするものは、之を外道国《げどう》視せざるを得ず。外道国を遇すには、又文明国を遇するの法を以てすることを得ず。畢竟万国公法東洋諸国に及ばざるが如きも亦、其外道国たるを以ての故ならんのみ」、「万国公法の条理に拠て欧米諸国と交際するには、先ず外道国たるの痕跡《こんせき》を絶ち、欧米文明の色に混じて進んで其仲間に入るの外なかる可し」と。

そこで、「今方便として欧米に盛行する宗旨をも我国に行はしめ、東西人情を一にし文物を同うするの工風なかる可らず」ということになる。かつては、日本がキリスト教を信ずるのは、自然に護国の気風を損ずるにちがいないと心配していた諭吉も、ここに至っては、「我人民が耶蘇教を信ずるが為に内外の区別を等閑に附し、或は護国の気力を傷つくるならんなどの考は、唯之を一時の過慮なりしとして」、意見を変更せざるを得なくなったのである。今後は、内外交際上の都合で、わが国でも西洋の法律習慣を採用せざるを得ないこととなるであろう。すでにその法律習慣を採用して、さらに、全くキリスト教に浸っている西洋人に接すれば、たとえキリスト教を公然採用しなくても、その教義がわが国にはいってくることは必然である。それならば、むしろ積極的にこれをうけいれた方がよい。もうすでに、わが国では、キリスト教の安息日をとりいれて、日曜を設定したではないか。そのとき僧侶・神官・儒者に至るまで、これを拒絶しなかったのは、暦日・休日とも西洋人との交際において同様にしないと不都合が多いからである。だから「外交多事にして内外の接遇益繁雑なる其時には、彼れの宗教習慣も亦我に伝はらざるを得ず」。こういうわけで、「身を経世の点に置て考ふれば」「人間社交上最も有力なる宗教」も、また西洋風にしたがわざるを得ないと、諭吉はいうのであった。条約改正の交渉に対応して、しかも政府に向かって発言したものと思われる。

自立の道を

ついで明治一七（一八八四）年八月、「宗教の熱は二一二度以下に在るべし」（漫言）を『時事新報』に掲げたが、これは、欧米熱に浮かされ、キリスト教が流行してきたのを風刺したもので「熱度は大抵《たいてい》華氏の二一二度以下に止まりて、沸騰点以上は御見合《みあわせ》相成、他日御後悔無之やう致度」というものであった。同じく一〇月の「宗旨宣布の方便」においても、日本のキリスト信徒が、「他宗を軽侮すること甚だしく、神仏などを視ること讐敵《しゅうてき》の如くし」「早く既に宗教の争端を開かんとするの萌を見るが如き」ことを心配している。キリスト教宣教師が、かつて野蛮の地方に布教したときの強圧的な態度をもって、わが日本に対することが誇りであり、それゆえに、無智下等のものしか信者にならないのであるとしている。しかも諭吉は、それを堂々とキリスト教の伝道者の前で演説するほどである。明治一八（一八八五）年七月の東京青山の英和学校での演説に「経世上に宗教の功徳を論じて併せて布教法の意見を述ぶ」がある。「道徳の教は人情に従ふものなり」「道徳の教は人民の自由に任す可し」は、いずれも右と同趣旨である。

諭吉は、一方では儒教主義の復活を戒め、またキリスト教排撃を批判するとともに、上記のように、キリスト教側の独善的布教を批判する。宗教界における調和にいそがしかったのである。

諭吉は、自分は宗教には淡白であるというけれども、彼の宗教をみる眼力は、なかなか優れている。明治一〇年代後半のデフレ期において、従来、檀家の布施捨金にのみ頼っていた仏教寺院が、その財源が涸《か》れて、ほとんど立ちゆかない惨状におちいったという状況について、彼は次のように明治一八年九月の「教法の盛衰は世の不景気に係はる筈なし」において忠告している。西洋では新教が出てきてからは、僧侶一般が、自立の生計を営む有様となり、新教の徒なぞは、皆自身で衣食するの途を開き、さらにその余裕をもって布教に従事していることは周知のことである。西洋宣教師は、日本の僧侶のように、「自分宗旨外の事には無芸無能、供養看経の一事を離れて外に糊口《ここう》の種子なしなどいふ役立ちの無き者には非ず」。医者・学術家・技術家など、何か一芸一能をもっており、衣食の途の立っていない者は非常に少ない。したがって自教の盛衰は決して世の景気不景気にかかわることはない。ただその宣教者その人の熱意と勇気でいよいよ盛大に赴くのである。

また、その教えをひろめる僧侶・伝道者が、宗旨外の能力を示して人の信仰を買い、もってその宗教の光を増すという副次的な働きは非常に大切である。西洋の宣教師だけでなく、日本でもいにしえの名僧善智識といわれた人々は、そうであった。疫病を治療し、工作の方法を教え、紡績技術を教え、また彫刻をなし絵画を描き、人々の尊敬嘆賞を得たのである。こういって、諭吉は、仏教の僧侶に、早く自営自活の道を設けてその宗旨を世俗の波瀾から超然とさせ、他人の財によらずして自己の財により、世の力をたのまずしてわが力をたのむことを勧めている。

あまりにも現実的な

明治一九(一八八六)年、ノルマントン号遭難にさいし、日本人乗客のみが海底に沈んだことについて、諭吉は、「ノルマントンの不幸に付き耶蘇宣教師の意見を問ふ」(明治一九年一一月一八日)を草して、この事件について、宣教師が無関心のようにみえるのは、キリスト教にとって不幸であろうと、宣教師にこの事件に対する徳義上の判断を明らかにするよう促している。

明治二二(一八八九)年三月、「真宗の説教」においても、「宗教は多数の人が安心を托するの柱となると共に、人情を和らげて殺伐猛悪の程に至らしめず、以て家族を和し友誼《ゆうぎ》を厚くし、延《ひ》いて社会の秩序を整ふるもの」となし、「今より幾百歳の後と雖も、宗教信心の要用なること固より論を俟《ま》たざる所」といい、宗教家に望みを托している。

諭吉は、一見するところほとんど無宗旨のようであるが、「祖先の忌日には屹度《きっと》墓参して香花を供へ、寺僧を招待して読経する家例は曾て之を違へず」。宗派は真宗であるが、それは、百年慣行にしたがっているにすぎない。彼はこのようにいっている(『宗旨雑話』、明治二二年五月一一日)。

明治二三(一八九〇)年一月、新島襄が死んだとき、諭吉は、その死を悼《いた》んで、「新島襄氏の死去」と題する文を草しているが、「教育宗教の事に熱心して多年其節を渝《か》へず、真に独立の士と称す可し」「日本社会独立の為に此流の一人を失ひたるを惜み」といって、「宗教の事」に尽くした新島の死に弔意を表している。

さらに明治二四(一八九一)年になると、宗教を人心緩和に利用しようという諭吉の提案は、相当露骨になった。「宗教を奨励して人の心を緩和し、教育の過度を節して空腹論者を其未だ生ぜざるに予防す可し」という見出し項目は、「貧富論」(明治二四年四月に七日〜五月二一日)のなかに出てくるのである。この「貧富論」は、明治二三年におけるわが国最初の資本主義的恐慌と不作による米価騰貴とを経験した福沢が、富豪たちのために現今将来の安全を図って注意を促したものである。

維新以来、政府が軽率に宗教を排斥したために、日本国中、信心の薄いこと今日ほど極端なことは、古来ないであろう。その結果は人を不人情に導くのみであり、貧富の関係についても、貧者の抵抗ははげしくなるだろう。「左れば今の富豪輩にして苟《いやしく》も世教の大切なるを知り自家の安全を謀るに心付きたらん者は」、「宗教に力を用ひ、多少の財を損《す》てて寺院を保護し」云々という。宗教もここまで手段化されては、宗教家たるものはいかに思うであろうか。それは、明治初めから諭吉の宗教観を辿っているものにとっては、決して唐突ではないが、それにしても、あまりにも露骨すぎるといえよう。これが、諭吉の誤解される点である。そうして、寺社を支持するために、政府は断然、寺社に限り富籤《とみくじ》の興行を許すべきであると主張する。寺社の財産は、もともと寄付金・奉納物に頼っており、労力の報酬ではないのであるから、富籤の所得は寄付金と似たようなものであるという。維新にさいして、政府が廃仏を唱え宗教を退けたことを失敗であったとして、繰り返し批判している。

「宗教の必要なるは弁を俟たず」

例えば明治二四（一八九一）年八月、「寺門の患は徳に在て財に在らず」の冒頭において、維新の当時、政府が宗教を破壊しようとしたのは大失策であったとして、次のように記している。

「人間社会に宗教の必要なるは今更喋々の弁を俟《ま》たず。従前の仏教は漸く衰頽《すいたい》に赴き、之に加ふるに教育の全権は旧士族流の手に帰して、諸学校の官私に別なく殆《ほと》んど無宗教の風を成し、内に家庭の訓なく、外に長老の言を聴かず、少年子弟の徳育は帰する所なきものと云ふ可し。畢竟維新の政府に経世の見なく、宗教の何物たるを知らずして、慢に之を破壊せんとして遂に今日の惨状に陥りしものなり。明治政府の失策中、最も著しき大失策なれば、今日と為りては自から前非を償ふの政略なかる可らず」。

諭吉の、神社仏閣の維持保存、宗派・法脈の争いについての発言が、このころには多い。富豪の集会でも、慶応義塾関係の集会でも、機会があれば宗教の必要を説いている。しかも、日本人にとってキリスト教は最近のことでその区域ははなはだ狭いからとして、仏教に期待をかけている。

さきに記したように、宗教を貧富間の憎しみを緩和させる手段として利用しようとした諭吉であったが、ときには、彼の本心らしいものを、のぞかせることもあった。「生れたる者の死するは其生れたるときの約束にして」「いよ〳〵医薬効なくして、病死したりとせんか、之を自然の命数として諦むるの外ある可らず」「浮世の栄枯盛衰禍福吉凶は唯是れ一時の夢にして、論ずるに足るものなしと雖も、既に現世に生れたる上は其死に至るまで心身を労して経営する所なかる可らず」。

そして、諭吉にしては、珍しく学生に向かって、「時として心事を一転して人生に常なき原則を思出」すことを、説いている。さすがに「宗教に不案内なる老生の口よりするには不似合なれども」と断っているのも興味深い（「明治二五年一一月一二日、慶応義塾演説筆記」）。

宗教の必要については、「今の各宗の僧侶を見るに、俗僧輩のみ多くして共に語るに足らざれども、宗教其物に至りては社会の必要にして一日も廃す可らず」という。とくに「今の社会に道徳を維持するの法は宗教の力に依頼するもの外ある可らず」といっている。また人文が発達し、知識が進歩すれば、それだけでいよいよ宗教が必要になってくるといっているのは注目に値する。宗教の「功徳の人事に発して著しきものは、衆生の心を和するの点にあるが如し」といい、とくに、地方の富豪にとって宗教は利害関係のもっとも切なるものがあるとする。例えば、金銭貸借のことでも田畑小作のことでも、「地方人心の和」があればこそ円滑に行われて、双方ともに安穏に世を渡ることができるのである。法律を楯にして理非を争ったのでは、ついには双方の不幸損亡に終わるほかないと諭吉はいう。「苟《いやしく》も富豪の安全を謀らんには其の心の信不信は姑《しばら》く擱《お》き、居家処生の一手段としても宗教をば等閑に附す可らず」（「宗教と慈善」明治二六年一一月）。

仏教への期待

日清戦争が真近くなると、諭吉は、僧侶の兵役免除を提案する。その理由とするところは二つある。元来、国会議員の選挙法といい、また市町村の制度といい、僧侶には全然参政の権利を与えていない。それを兵役の義務のみ人なみに負担させるのは不当である。これが第一の理由である。また僧侶の兵役と宗教の効能とは両立しない。仏門の教えに殺生戒の極端を犯すものでその法の霊妙を傷つけることになる。これが第二の理由である。そこですみやかに僧侶の兵役を免除して、もっぱら護法伝道の本務を尽くさせ、社会の治安を保つの効果を収めるようにすべきであるという。

このように僧侶に期待するがゆえに、また、僧侶の自戒を求めるのである。明治二八（一八九五）年一〇月の「僧侶の品行」は、それである。同二九（一八九六）年六月の「本願寺の授爵」は、やはり、宗門の俗化に対する批判である。

宗教の必要性は、植民地においては、とくに重要であるといい、外国の例をみると、未開の蛮地には宣教師を派遣して蛮民を教化させるのが常である。ことに自国の植民地には、もっとも宗教に注意していやしくも人民の住んでいるところには、必ず教会寺院の設置をしている。「植民地に宗教の必要は事実に明白なる所なれば、移住民が平生より尊信信仰したる神社仏閣を其地に分移して祭礼その他、一切本国同様に施行するは最も大切な事なる可し」と説いている。

明治三〇（一八九七）年も後半にはいると、宗教論が多くなる。それは、宗教家よりみれば、はなはだ不満な説明ではあろうが、諭吉一流の経世論の見地から、宗教の必要を主張するのである。彼はいう。「宗教とは、人間以上に畏る可く敬す可き者を想像して之を本尊と定め、種々の教理儀式を割出して人に善を勧め悪を避けしむるの具なり」。まず、勧善の手段とみている。「深く学問上より吟味すれば必ずしも動す可らざる根拠あるに非ず。或は人間一種の迷いなるやも知る可らざれども、然れども衆生済度の為めには必要欠く可らざるものにして、経世家の大に注意す可き所のものなり」。

宗教は文明の進歩するにしたがって必要性を増す。それはなぜか。「文明の進歩に随ひ、名利の競争次第に強烈と為ると共に、権利義務の論議愈《いよい》よ喧《かまびす》しく」なり、法律によって争うに至る。この理屈張った民情を緩和し衝突を防ぐに有力なものは「独り宗教あるのみ」。そこで僧侶自身慎まなければならないが、局外の有志者も、宗教を保護しなければいけない（「宗教は経世の要具なり」明治三〇年七月）。

このように、仏教の保護を唱えるとともに、その反面では、仏教の現状に対して反省を求める。キリスト教に対しては、その排他的な布教法に反省を促している(「宗教は茶の如し」「宗教に付外国人の誤解」、ともに明治三〇年九月)。

諭吉が仏教界に反省を求めたものは、しばしば『時事新報』の社説として掲げられた。「血脈と法脈との分離」「法運大に奮発す可し」(明治三〇年)などがそれであるが、ただ具体的に本願寺のことを論じているのである。

また仏教を保護しようとする宗教法案に対しては、明治三三(一九〇〇)年一月二〇日「僧侶の運動」においてこれを批判していう。僧侶たちは、この法案が成立する見通しないのを知りながら、なおこの運動を続けている。それは、その運動資金を信徒から集めて私腹をこやすためであるという。右について翌二一日の「親鸞主義の復活」という一文もまた、僧侶の「腐敗堕落、言語同断の体たらく」を指摘し、その腐敗の空気を一掃して親鸞主義を復活し、光明を発揮させることを期待したものである。

諭吉とユニテリアンの関係

旧版V章中では、もっぱら仏教との関係のみを観ていて、福沢が究極として求めていたものがユニテリアンであったことを解明していなかった。

そのユニテリアンへの到達過程を明らかにしたのが、土屋博政著『ユニテリアンと福澤諭吉』(慶応義塾大学出版会。二〇〇四年一月発行)である。

さて宣教師アーサー・メイ・ナップが、日本の宗教事情を調査するために、アメリカ・ユニテリアン教会(AUA)本部から派遣されたのは、明治二〇(一八八七)年である。ナップは、ハーヴァード大学の神学部卒業後、一八年間にわたり牧師職を勤めた。

ナップは、明治二〇(一八八七)年一二月二一日、横浜に到着した。福沢はナップを大いに歓迎し多大の便宜を計った。ナップは一年半の日本滞在中、日本人知識層のユニテリアンへの期待の大きさを実感した。それで日本での永続的なミッションの設立を検討するよう本国のAUAに提言するため、明治二二(一八八九)年五月、帰国した。

AUAは日本人の要請に応じる決定をした。そこで、ナップを日本ミッションの長とし、補佐としてクレイ・マコーリィを選んだ。このとき、福澤から依頼された三人の教授も、慶応義塾に勤めながらミッションの手助けをするという契約でナップの一団に参加来日した。しかし、この三人の教授はユニテリアンではない。

ナップは明治二二(一八八九)年一〇月日本にもどってきた。そして『ゆにてりあん』第一号(明治二三年三月一日)を発行。

ナップは、ユニテリアン主義を教派ではなく、リベラリズムの「運動」と規定していた。福沢はこの考えに強い共感を表明した。

この「第一号」に示されたユニテリアンの「主義」と「説」とを次に記す。

ユニテリアン教根本の主義

第一基礎　此教の基礎とする所は口碑的の憑拠にあらずして道理的と理学的の真理にあり

第二方法　此教の方法とする所は全く討究の自由なるにあり

第三目的　此教の目的とする所は一個人及社会の道徳を最も高尚なる域に発達せしむるにあり

ゆにてりあん教徒普通の説

第一　宗教は必ずしも迷信にあらず、人類の上帝に対する関係及義務の自然にして若かも必要なる言明なり

第二　基督教は其純精なる教義に於て、上帝の天父たること丶人類の同胞たることを教ゆる宗教なり

第三　上帝は永遠無窮の力と智恵と慈悲とにして、自然的発達の方法に依て宇宙を導くもの

なり

第四　人類は発達の最も高尚なる結果なり、唯夫高尚なるが故に上帝の子と称するを得るなり

第五　経典は人間の著作を集蒐したるものにして、誤謬ありと雖も人類宗教的性質の最良なる言明を含蓄するものなり

第六　基督は宗教的発達に於て人類を導きたる教導者中其最卓越なるものなり

第七　世界の各宗教は皆交友にして各々長所ありと雖も、尽く同一の本源と同一の目的を有するものなり

中村正直も、この『ゆにてりあん』に、加藤弘之の祝詞、福沢諭吉・杉浦重剛の寄書とともに寄書を記している。そのなかで言っている。「ナップ君に面晤し、其論を聞くに、従前教法師と大に異なるものありて、全の疑団、一半は頼りて消釈したり」と。

土屋本は、福沢について次のように記している。

福沢が望んだ宗教は、誰もが納得のいく普遍的な徳を、口先でなく、身をもって実行することを尊ぶ宗教である。人種、性、年齢に関係なく、何ごとも理性的に議論し合えるユニテリア

ン主義のなかに、彼はみずから主張する「独立自尊」の考えに合致するものをみた、と。

福沢はその頃、慶応義塾の組織を変更することを考えていたので、そのことについてナップに援助を求めていた。それに対してナップは、彼が学んだアメリカのハーヴァードのような大学との提携を勧めたのである。福沢はナップのこの提案を、ほとんどそのまま採用すると答えたという。

この経過には理解しにくい問題がある。このときのＡＵＡ日本ミッションの長はマコーリィであって、ナップは直接的にも公式的にもＡＵＡとの関係はなかった。福沢は、この話し合いのことを慶応義塾の関係者には知らせていなかった。これは福沢とナップとの個人的の会談であった。何故、そういうことをしたのか理解できないことである。

さて、土屋氏は、ハーヴァード大学のアンドヴァー神学図書記録保管所において、内外の宣教師たちの手書きの書簡を束ねた膨大な量の書簡のなかから五通の手紙を発見した。それは、上記一八九七年、第五回目の来日のときのもので、ＡＵＡの幹事バチェラーに宛てた書簡である。土屋氏は、その五通の書簡の重要性を指摘している。

そのなかでも、明治三〇（一八九七）年一〇月一日付のナップの第五の手紙には、彼と福沢との間で行われた慶応義塾に関する重要な話し合いの内容が記されている。

ところで、このハーヴァードとの本格的提携について、平山洋『福沢諭吉』に平山氏の見解が示されているので、次に記しておく。

このハーヴァードとの本格的提携について、これを最初に福沢から明かされたときの小幡篤次郎塾長ほか評議員たちの懊悩は、それまで自分たちだけで慶応義塾を運営してきたという自負があっただけに、深いものがあったのではなかろうか。明治三三年八月一三日に小幡塾長は辞職したのであるが、平山氏にはその理由がわからなかった。それがナップの手紙の出現によって納得できたという。小幡の辞職は、ハーヴァードとの提携を慶応義塾の人々に内密で進めた福沢への抵抗であったとの解釈が可能となって、ようやく腑に落ちたのである。このように平山氏は記している。

しかし、以上のナップの計画は実現されなかった。AUAの本部が承認しなかったのである。ナップと福沢との間の計画は、両人の間の私的なものであって、それが消滅したのである。

『福翁自伝』は、明治三二(一八九九)年六月に刊行された。その末尾に次のように記されている。

「私の生涯の中に出来して見たいと思ふ所は、全国男女の気品を次第々々に高尚に導いて真実文明の名に愧じないやうにする事と、仏法にても耶蘇教にても孰《いず》れにても宜しい、之を引立てて多数の民心を和らげるようにする事と、大に金を投じて有形無形高尚なる学理を研究させるやうにする事と、凡そ此三ヵ条である」。

福沢の宗教観の到達点は、ユニテリアンが求めていた「普遍宗教」と同じであると、土屋氏は記している。しかし、この点については、但し書きが必要ではないかと思われる。ユニテリアンは、何らかの宗教を信じている人に対して語りかけているのである。福沢は宗教を信じていたのか否かが問題になると思う。中村正直は洗礼を受けた信者であった。

福沢の明治政府に対する姿勢は非常に曖昧である。彼は国家神道に依拠している明治国家の恐ろしさを知らなかったようである。それは、ユニテリアンの宣教師に対する態度にも示されている。AUAの日本ミッションの長であるマコーリィについて、教育勅語に反対していないことに不満であった。しかし教育勅語は帝国憲法と一体のもので、いかなる批判も許されないのである。

もし、批判文を公表すれば、投獄され、また社会的にも葬り去られるであろう。マコーリィは、そういう可能性を知っていた。だから表立って反対しなかったと思われる。

ところが福沢は、そういう可能性に気がつかなかったらしい。あるいは明治政府を甘くみていたのかも知れない。

2 晩年の諭吉

『福翁百話』

諭吉は、明治三〇（一八九七）年七月、『福翁百話』を刊行した。これは、明治二八（一八九五）年に脱稿し、翌二九（一八九六）年三月から三〇年七月まで、『時事新報』に掲載されたもので、その数が一〇〇に達したのを集めて、一巻としたものである。また『福翁百餘話』は、これの続きで、明治三〇年のうちに執筆し、同三一（一八九八）年と三三（一九〇〇）年に「時事新報」に掲載したもので、これを三四（一九〇一）年四月、まとめて刊行した。これには一九篇が収められている。この二書は、宗教・品行・教育・独立などを論じたものである。

この『福翁百話』は、維新以来、わが国の文明がある程度進歩したことに一応の満足を示したうえで、さらに、前進しようという姿勢を示している。「今日の日本は真に文明開化の日本にして、昔年を想ひ起せば一切万事所望以外に達して聊《いささ》か遺憾なきが如くなれども、扨《さて》この一段に至り更らに言葉を改めて大に論ずべきことこそあれ。即ち吾々国民は決して今日の有様に満足す可らざるの一事なり」（「国は唯前進す可きのみ」）。

また、富貴の二代目の健康を心配して次ののようにいう。「新に身を立て家を興す者は必ず心身屈強の人にして、辛苦経営百難を排して遂に素志を達したることなれば、假令ひ富貴に居るも昔年を忘れずして」、「老して尚ほ強健なる者多しと雖も、二代目の子女は即ち然らず」「親子の間恰も大目に看過《みすご》す其中に、爰《こと》に最も悲しむ可きは其貴公子令嬢が身体の健康を失ふの一事なり」（「子孫身体の永続を如何せん」）と。

宗教的心情

そこで、諭吉の宗教的心情を中心として考えてみたい。

『福翁百話』の目次をみてもわかるように、そのはじめの方に、「宇宙」「天工」「天道人に可なり」「前途の望」「因果応報」「謝恩の一年発揮す可きや否や」「人間の安心」「善悪の標準は人の好悪に由て定まる」「善は易くして悪は難し」「人間の心は広大無辺なり」などの項目がならび、まず、宇宙が論じられ、道徳が論じられ、それに関連して、宗教観が示されている。

その宗教観は、次のように要約できよう。人智をもって測ることのできない宇宙における不可思議の有様を「天」と呼ぶ。浮世の実際は、悪をなす者が必ず禍いにかかり、善を行うもの

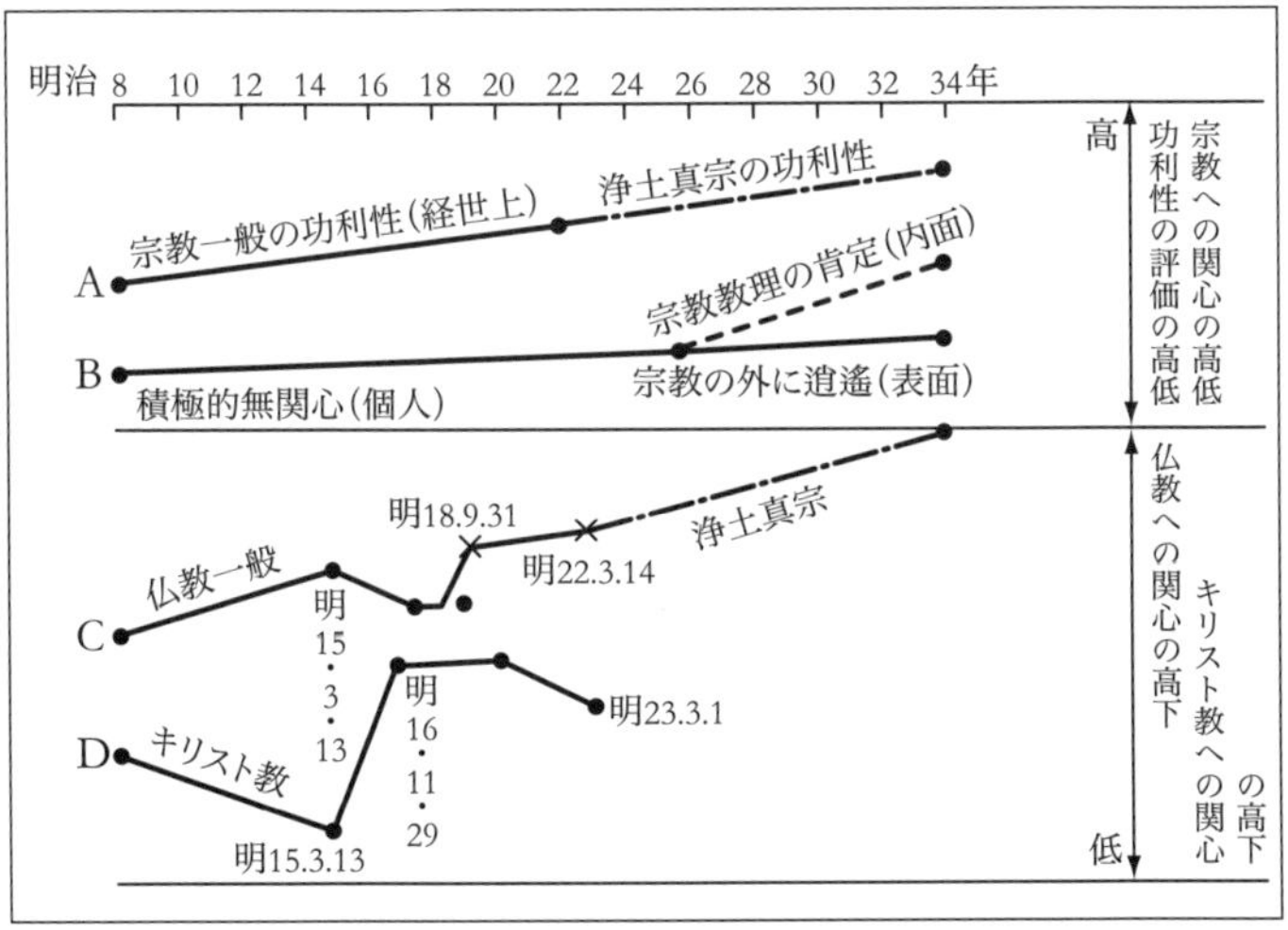

諭吉の宗教観

諭吉の宗教に対する無関心の態度、経世上からみた宗教の功利性の見解、さらに仏教・キリスト教に対する見解とその変遷を年代順に辿ったグラフ。Aは功利性の評価の高低、Bは個人的にみた宗教への関心の高低、Cは仏教への関心の高低、Dはキリスト教への関心の高低、小泉仰「福沢諭吉の宗教観」より。

が必ず福をうけることにならず、ときとしてその反対のこともある。天道の広大、人間の無智、大機関の運動は人智で測ることはできない。諸宗教は、善を善とし悪を悪とする点において帰するところは一つである。ここに宗教の利益がある。人間みずから至善を想像してこれに到達しようとつとめるのは、社会上流の男女にして、初めて可能の修行である。それ以下は、貴賤貧富に関係なく、ほとんど暗黒の愚夫愚婦のみであるから、世に宗教は必要である。今の学者社会では、宗教を非難し、ことにその霊怪説を攻撃するけれども、これは風俗感化のためには屈強の方便としてみるべきものであるといって、次のように記している。

「古代宗祖輩は相像最も高く信心最も厚く、一心一向殆んど盲信の境遇に達したる者なれば、時として天言をも聞き神人を見たることならん。空想極まりて事実を模し出したるものと云ふ可し」と。そして、士族も学者も、これを平均すれば、ただこれ盲者一〇〇〇人の社会にすぎないから、宗教の感化をうけるのにふさわしいという。

この『福翁百話』については、諭吉の著作中、もっとも哲学的・宗教的であると、いわれている(例えば、家永三郎『福沢諭吉選集』第七巻の解題)。この諭吉の宗教的心情について、小泉仰「福沢諭吉の宗教観」は、次のように記している。諭吉が、『学問のすゝめ』以来、終始とり続けてきた「一身独立して一国独立す」という独立自尊の見解は、心の用の立場で、なお依然保たれてはいる。しかし、その根拠をなす心の体からすれば、独立自尊とは、浮世の戯《たわむ》れにすぎないものとして、軽く押しやられており、本体は無常の世界であると諦観する考えにはいり込んでいる。こうした独立自尊を、宇宙的見地からみれば無常の世界の戯れであると見ながら、また心の働きとしては、蛆虫《うじむし》の本分として重視するという二重構造の見解は、蛆虫の本分において挫折を経験したときにも、またそれを浮世の戯れとみることのできる悟りをも示すものである。

また、明治二二(一八八九)年ころからのちの諭吉は、仏教に関心を向け、とくに浄土思想の育成と改革に熱意を示し、そのプロセスのなかで、諭吉は、禅の悟りの境地と独立自尊の主張とを融合したような、一種の仏教的世界観に到達するに至った。もっとも、真宗的な脈絡をも背景にしているところもみられるが(『明治啓蒙思想家の宗教観』、大蔵出版)。

白井堯《たか》子著『福沢諭吉と宣教師たち』には、土屋博政本には書かれていないことが記されているので、ここに加筆したい。

福沢はユニテリアン宣教師と深い関係を有したが、福沢自身によりユニテリアニズムについての言及は非常に少ないと記している(二四〇頁)

英国国教会の宣教団体SPG(英国国教会宣教会)最初の来日宣教師アレグザンダー・クロフト・ショーについての叙述(六七〜六八頁)は次のようである。

ショーは、東京を中心に、長期間福音伝導に力を注いだ。在日英国公使館付牧師(チャプレン)という重要な公職にあって東京に住む英国人たちの信仰上の指導を行った。ショーは来日後五か月目に早くも福沢と接し、福沢に慶応義塾内の福沢家の隣に西洋館を建ててもらい、そこに住んで福沢の子供たちの家庭教師となった。そして三年後にその西洋館を去った後も福沢との友情を深め、二七年間にわたり福沢家の人たちと親密な交際を重ねた。福沢がキリスト教宣教師ショーを自宅に住まわせたのは、まさに彼がキリスト教を排撃し始めた時期である。

SPG系最初の来日女性宣教師アリス・エリナ・ホアについての叙述(一三八頁〜一四〇頁)も詳しい。

ホアはSPGから半ば独立した形で組織されていた女性宣教団体レイディズ・アソウシエイションが日本へ最初に派遣した宣教師である。一八七五年に来日以来明治三〇(一八九七)年まで、二二年の長きにわたり、多くの日本女性にキリスト教を伝え、たくさんのクリスチャン女性を育ててきた。そのなかには、聖公会神学院初代校長今井寿道の妻になった橋口富美もいる。

このホアが、日本で最初に宣教の仕事を始めた場所は、慶応義塾キャンパス内にあった福沢家の二階に住み、その二階に福沢が開いてくれた少女のための小さな部屋でキリスト教教育を開始したのである。彼女は、生徒となる少女を集めてもらったり、家具を貸してもらったりなど福沢から数々の援助をうけた。福沢はホアを私雇いの英語教師として同年三月一日から丸三年間雇い入れるという届け出を東京府に提出している。

福沢とホアとのかかわりについてさらに二点の叙述がある。

第一に、ショーの場合と同じように、福沢がホアに援助を与えたのは、福沢が、日本の独立を脅かすとして、キリスト教の広がりを警戒し、キリスト教排撃の文章を書き始めた時期と一致している。

第二に、ホアは、福沢が身近な所で長きにわたり観察しえた最初の西洋女性であったこと。後年福沢が『日本婦人論』（一八八五）をはじめとして、当時としては画期的な女性論を次々と展開していったとき、その背後にはホアの存在があったのではないかと、記している。

教育と健康について

この『福翁百話』は、宗教的心情を記したのについで、夫婦・親子の心構えを説き、交際を説く。教育については、比較的多く論じており、健康についても重視している。

教育については、次のような諸編を掲げて、子をもつ親に向けて発言している。「教育の力は唯人の天賦を発達せしむるのみ」「教育の功徳は子孫に及ぶ可し」「教育の過度恐るゝに足らず」「教育の価必ずしも高からず」などがそれである。親に向けての発言であるから、人の子の天賦には智愚の「定度」があり、教育の要は、人生の本来ないものをつくりこれを授けるのではなく、「唯有るものを悉皆《ことごとく》発生せしめ」るにあると説いている。明治のはじめに、少年たちを激励して、学問をしない者は貧乏におちいるぞと説いた姿勢は、ここにはない。

健康の維持については、武士出身であるというほか、緒方洪庵の塾で学んだということもあってか、非常に気をつけている。それがここにも示されている。「先ず獣身を為して後に人心を養へとは、我輩の常に唱ふる所にして、天下の父母たるものは決して此旨を忘ふ可らず。注意に注意して尚ほ足らざる可し」(「身体の発育こそ大切なれ」)といい、「如何なる事情あるも精神を過労せしめて体育の妨を為す可らず」と説いている。財産家に対しては、その子が「飽食暖衣安楽逸居の為めに身体を苦しめ」、「餓死に非ずして飽死する」のに注意を喚起している(「子孫身体の永続を如何せん」)。近頃は生理学の書物が多く出版されているから、これを読んで生理病理の思想を学ぶようにと勧めている(「生理学の大事」)。そうして、一度医師にかかったときは、「主任医の命令の外に一切用ふ可らず」という(「謹んで医師の命に従ふ可し」)。生活環境を重視しては、「空気は飲食よりも大切なり」といい、精神が健康に与える影響に注目して、都会人が繁華のうちに住んでいても無病息災なのは、「貧乏の功徳、名利慾情の賜と云うも可なり」などと記している(「形体と精神との関係」)。

諭吉の健康法

諭吉は、一八三五年に生まれ、死んだのは一九〇一年であるから六六歳まで生きたわけである。彼は五歳で軽い天然痘にかかり、安政三年(二一歳)と明治三年(三五歳)の両度にわたり、重いチフスにかかり、あやうく生命をとりとめたことがある。しかし、それ以外は至極丈夫であった。死因となったのは脳溢血であった。

彼は、明治一四(一八八一)年七月、四六歳のときに、生命保険に加入したが、そのときの保険医の身体検査報告書によると、当時の彼の健康状態は、「身体ノ各器質官能等頗《すこぶ》ル強健ナルヲ以テ最上ノ寿命ヲ完《まっと》フスルヲ得ルモノト診定ス」と記されている。酒は、幼少の時より好きで、壮年に至って鯨飲した。しかし、三〇、三一歳のころよりようやく節酒し、「近来ハ大ニ量ヲ減ス」とある。

彼は、みずからの健康に留意するだけでなく、家族の健康にもよく気をつかっていた。息子の一太郎と捨次郎の両人を米国に留学させたときには、その書き送った手紙に、いつも健康に留意するようにと記してあった。「学問は決して速成を要せず、急進して体を損ずるが如きは以《もっ》ての外なり」(明治一六年六月一九日)という。明治三年、発疹チフスを患ったあとで、「養生の心得」というものを記しているが、それは、次のような言葉で始まっている。

「人間生涯の内、体ほど大切なるものはなし。諺に云ふ通り命の物だねなれば、何職何商売に限らず、先第一己の体を養生し、病気に懸らぬよう注意《きをつけ》て、其上病む時は早く医治を受けて、天寿を終るの道を知る事、人間要用の心得なる可し」。

そうして、飲食のこと、衣服の清潔のこと、住所居宅の清潔・通風のこと、病中の心得、医師に対する配慮をも記している。

健康法としては、積極的に鍛錬につとめていて、毎日米搗《つ》きをしたのも、そのためである。散歩・遠足・乗馬・居合抜きも健康のためであったという。居合抜きは、ときには、一日のうちに、一〇〇〇本も一二〇〇本も行ったことがある。「居合数抜記録」は、明治二六、二七、二八年の各年のものが記されている。例えば、五九歳のとき、明治二七年一〇月二五日、長さ鍔元《つばもと》から二尺四寸九分、重さ三一〇匁の刀を使い、一日で、一二〇〇本の居合抜きを行っている。まことに美事な体力であった。

このように健康に留意し、また生来、丈夫であった諭吉も、明治三一(一八九八)年九月二六日、脳溢血に倒れた。このときは一二月に快癒したが、同三四(一九〇一)年一月二五日、これが再発して、二月三日午後一〇時五〇分、三田の自邸で死去した。

衆議院は哀悼を決議した。

あとがき

序章で、福沢諭吉を、同じく明六社員であった中村正直と対比しておいたが、本書の末尾において、もう一度、その点に触れておきたい。

第二次世界大戦直後の日本国内の有様は、アメリカ一辺倒であり、アメリカのものは、すべて善であり、戦前ないし戦時中のものは、すべて悪とされ、排斥された。その有様は、維新後の文明開化のときとよく似ていた。そこには、古いものと新しいものとの比較もなければ、対決もなかった。それが、しばらくすると、敗戦前のものが復活してきて、占領軍におしつけられた憲法は改正すべきであるという意見が出てくるほどに、情勢は変化してきた。明治時代でいえば、明治一〇年代半ばころ以降の状況である。このような状況のなかで、諭吉と正直を思いおこしてみると興味深いものがある。

諭吉は、頭の回転が非常に早く、また現実に即して行動した。そして、時勢の変化に対応した行動をとる。ところが中村正直は、蘇峰も指摘したように、彼を取り囲む周囲の情勢を知っていても、ただ自分の信ずるところを行ったのである。

諭吉が時流に乗って行動したとは、筆者は思わない。彼は、よく見通しのきく、鋭い頭脳をもったジャーナリストであり、また教育家であり、人情豊かな人物である。しかし、必ずしも冷静な学者ではない。現実を重視するあまり、理想を明確にしておくことを怠るかにみえる場合がある。したがって、諭吉の発言を、その言葉通りにうけとることのできない場面が出てくる。最近『福翁自伝』の記述が再検討されているのは、その好例である。彼の「脱亜論」もまた、清国との対抗関係という現実に即して解釈し直されようとしている（坂野潤治『明治・思想の実像』）。

正直のように、どの方角からみても見誤ることのない理想主義・平和主義の人物を、絶えず頭のなかにおきながら、憤慨したり涙を流したり、そして、ときには度を越すこともあった諭吉の、血のかよった姿を浮き彫りにできれば、と思ったのである。

福沢諭吉年譜

西暦	年号	年齢	年譜	時代的背景
一八三五	天保 五		旧暦12月12日(西暦一八三五年1月10日)大坂玉江橋北詰の中津藩蔵屋敷(現在の大阪大学医学部構内)に生まれる。父百助、母お順。	
三六	七	1	6月18日、父百助死去。この月、母子六人で藩地中津に帰る。	
四七	弘化 四	12	このころから漢学を修める。	
五四	安政 元	19	2月、蘭学に志し、兄三之助に従って長崎に行く。	3月、日米和親条約締結。
五五	二	20	3月9日、大坂の緒方洪庵の適塾に入門。	
五六	三	21	3月、腸チフスをわずらう。5・6月ころ、兄とともに中津に帰る。8月、再度大坂に戻る。9月、兄が病死したため、帰郷し、福沢家の家督を継ぐ。11月、適塾に内塾生として住み込み、蘭学修業を続ける。	
五七	四	22	この年、適塾の塾長に推される。	

西暦	年号	年齢	事項	一般事項
一八五八	安政五	23	10月中旬、藩の命令により、江戸に出て、築地鉄砲洲の奥平家の中屋敷に蘭学の家塾を開く。	6月、日米修好通商条約調印。9月、安政の大獄始まる。
五九	六	24	新しく開港された横浜に見物に行き、英語の重要なことを知り、英学への転向を決意する。	6月、神奈川（横浜）・箱根両港を開く。
六〇	万延元	25	1月、軍艦奉行木村摂津守喜毅の従僕として、幕府軍艦咸臨丸に乗り組み、19日、浦賀を出帆し渡米。サンフランシスコならびにその周辺に滞留。閏3月19日、サンフランシスコを出帆し、5月5日、浦賀に帰着。8月、最初の著訳書『増訂華英通語』刊行。帰国後、幕府の翻訳方に雇われる。	1月、幕府、通商条約批准交換のため、アメリカに使節を派遣。3月、桜田門外の変。
六一	文久元	26	中津藩の土岐太郎八の次女とお錦と結婚。	4月、米、南北戦争（〜六五）。
六二	二	27	1月1日、遣欧使節に随行して、長崎を出帆。12月10日品川に帰着。	9月、朝廷、攘夷を決定。11月、幕府も攘夷を決定。
六三	三	28		6月、緒方洪庵死去。
六四	元治元	29	3月、六年ぶりに中津に帰省。6月、小幡篤次郎ら六人の青年を連れて江戸に戻る。10月4日、幕府の外国奉行翻訳方を命ぜられる。一〇〇俵高、勤役中五〇俵増高、暮に金一五両を下される。	7月、禁門の変。長州征伐の布告。
六六	慶応二	31	7月29日、木村喜毅に「長州再征に関する建白書」を提示。12月、『西洋事情』初編三巻を刊行。	6月、第二次長州征伐。12月、孝明天皇死去。

一八六七	慶応　三	32	1月23日、幕府の軍艦受取委員随員として横浜を出帆、アメリカに向かう。東部諸州の都市を見学して、6月26日、帰国。このとき、多くの原書を購入。7月14日～10月27日、アメリカ旅行中に上司との対立により謹慎を命ぜられる。	1月、明治天皇践祚。10月、大政奉還。12月、王政復古の大号令。
六八	四	33	4月、新銭座に新しく一五〇坪の塾舎を建てて移転。このとき、「慶応義塾」と塾名を定む。6月、新政府より出仕の命をうけたが、病気を理由に辞退。8月中ごろ、幕臣を辞して帰農し、平民となることを決意。	1月、鳥羽・伏見の戦いより戊辰戦争おこる。3月、五箇条の誓文。4月、江戸城無血開城。5月、上野彰義隊の戦い。9月、慶応を明治と改元。11月、江戸築地鉄砲洲に外国人居留地設置。
六九	二	34	8月ごろ、中津藩からの扶持も辞退。11月、福沢屋諭吉の名で書物問屋組合に加入。出版業に従事。	5月、五稜郭陥落、戊辰戦争終わる。6月、版籍奉還。
七〇	三	35	5月中ごろ、発疹チフスにかかり、一時重態におちいる。	
七一	四	36	3月、芝三田の旧島原藩邸に塾を移し、構内に家を建てて住む。	7月、廃藩置県。文部省設置。
七二	五	37	2月、『学問のすゝめ』初編刊行。4～5月、京阪神から中津に旅行。7月、旧藩士の一家とともに帰京。8月、慶応義塾出版局を開設。	8月、「学制」頒布。12月、太陽暦採用し、明治五年12月3日をもって明治六年1月1日とする。

一八七三	明治	六	10月、慶応義塾医学所設置（明治一三年6月廃校）。11月、大阪慶応義塾開業（明治八年7月に徳島に移す）。この年、明六社の結成に参加。	10月征韓論争おこり、征韓派下野。この年、沼間守一ら下谷の摩利支天別当所に法律講義会を開設し、演説討論の練習を行う。
七四	七	39	1月、幼年生のための家塾を開く。2月、京都慶応義塾を設立（一年後に閉鎖）。6月27日、三田演説会を始める。	1月民撰議院設立の建白。
七五	八	40	5月1日、三田演説館開館。7月、徳島慶応義塾を開設（翌年11月に廃校）。この年、『文明論之概略』全六巻刊行。	6月、讒謗律・新聞紙条例制定。
七七	一〇	42		2月、西南戦争がおこる。
七八	一一	43	12月、芝区より最初の東京府会議員に選出される。	7月、府県会規則を定める。
七九	一二	44	1月15日、東京学士会院の設立にともない、初代会長に就任。16日、東京府会副議長に選出されたが辞退。	9月、教育会制定（「学制」廃止）。
八〇	一三	45	1月25日、交詢社を設立、発会式を挙行。28日、東京府会議員を辞任。	
一八八一	明治一四	46	2月、東京学士会院の会員を辞退。	10月、一四年の政変。
八二	一五	47	3月1日、『時事新報』創刊。	7月、壬生事変。
八三	一六	48		7月、官報第一号発行。
八四	一七	49		12月、甲申事変。
八七	二〇	52	3月21日、新富座に初めて芝居を見る。	

八九	二二	54		2月、大日本帝国憲法公布。
九〇	二三	55	2月11日、慶応義塾に大学部を設け、文学・理財・法律の三科をおく。	11月、帝国議会開設。
九二	二五	57	11月、北里柴三郎のために伝染病研究所の設立に尽力する。	
九四	二七	59	8月、日清戦争のために献金運動を始め、みずから一万円を献金。	7月、日英通商航海条約調印。 8月、日清戦争勃発(〜九五)。
九六	二九	61	4月、家族とともに伊勢神宮に参拝。	
九八	三一	63	1月、『福沢全集』刊行開始。5月、全五巻完成。 9月26日、脳出血に倒れる。	6月、隈板内閣成立。 7月、民法全編施行。
九九	三二	64	6月、『福翁自伝』刊行。	3月、清で義和団蜂起(〜一九〇一)。
一九〇〇	三三	65	2月11日、主な門下生に編さんさせていた「修身要領」を発表。 5月9日、多年にわたる著訳・教育の功により皇室から金五万円を下賜される。これを慶応義塾本金中に寄付する。	3月、治安警察法公布。 9月、立憲政友会結成。
一九〇一	明治三四	66	1月25日、脳溢血を再発し、2月3日、死去。 2月7日、衆議院において満場一致で哀悼を決議。8日麻布の善福寺において葬儀を執行。東京府下大崎村の本願寺(現在の東京都品川区神大崎一丁目、常光寺)に埋葬される。芳名は「大観院独立自尊居士」。	5月、社会民主党結成するも即日禁止される。 11月、八幡製鉄所開業。

参考文献

福沢諭吉伝（全四巻） 石河幹明著 岩波書店 昭7
福沢諭吉の人と思想 福沢先生研究会編 岩波書店 昭11
福沢諭吉選集（全八巻） 福沢諭吉著作編集会編 昭26〜28
近代日本と福沢諭吉 中村菊男著 泉文堂 昭28
福沢諭吉の遺風 富田正文編 時事新報社 昭29
福沢諭吉―人と思想 野村兼太郎著 慶応通信 昭33
思想家としての福沢諭吉 加田哲二著 慶応通信 昭33
福沢諭吉全集（全二一巻および別巻ならびに付録。別巻は昭和46年に追加）
慶応義塾編 岩波書店 昭33〜39
福沢諭吉とその周囲 慶応義塾編 慶応義塾 昭39
福沢諭吉（岩波新書） 小泉信三著 岩波書店 昭41
福沢諭吉（現代新書） 河野健二著 講談社 昭42
福沢諭吉（人と思想21） 鹿野政直著 清水書院 昭42
福沢諭吉論考 伊藤正雄著 吉川弘文堂 昭44
福沢諭吉（ＵＰ選書） 遠山茂樹著 東京大学出版会 昭45

福沢諭吉とその門下書誌　丸山信編著　慶応通信　昭45
資料集成・明治人の観た福沢諭吉　伊藤正雄著　慶応通信　昭45
論集・福沢諭吉への視点　市村弘正編　りせい書房　昭48
福沢諭吉研究　ひろた・まさき著　東京大学出版会　昭51
中上川彦次郎伝記資料　日本経営研究所編　東洋経済新報社　昭44
明治・思想の実像　板野潤治著　創文社　昭52
西洋見聞集（日本思想大系）　沼田次郎・松沢弘陽著　岩波書店　昭49
福沢諭吉と宣教師たち　白井堯子著　未来社　平11
ユニテリアンと福沢諭吉　土屋博政著　慶應義塾大学出版会　平16
福沢諭吉　平山洋著　ミネルヴァ書房　平20

■著者紹介

高橋昌郎（たかはし　まさお）

1921（大正10）年群馬県高崎市に生まれる。

東京大学文学部国史科卒業。元・清泉女子大学教授。日本近代文化史専攻。

主な著書に『島田三郎』『中村正道』『西村茂樹』『近代国家への道』『文明開化』などがある。

福沢諭吉〔新版〕

2015年2月10日　初　版　第1刷発行

〔検印省略〕
*定価はカバーに表示してあります

印刷・製本　中央精版印刷
組版　フレックスアート

著者 © 高橋昌郎／発行者　下田勝司

東京都文京区向丘1-20-6　郵便振替　00110-6-37828
〒113-0023　TEL 03-3818-5521（代）　FAX 03-3818-5514

発行所
株式会社 東信堂

Published by TOSHINDO PUBLISHING CO.,LTD.
1-20-6, Mukougaoka, Bunkyo-ku, Tokyo, 113-0023, Japan
E-Mail : tk203444@fsinet.or.jp　　http://www.toshindo-pub.com

ISBN978-4-7989-1269-1 C1021

東信堂

宰相の羅針盤　総理がなすべき政策	村上誠一郎＋21世紀戦略研究室	一六〇〇円
―（改訂版）日本よ、浮上せよ！	村上誠一郎＋原発対策国民会議	二〇〇〇円
福島原発の真実　このままでは永遠に収束しない　―まだ遅くない――原子炉を「冷温密封」する！	丸山茂徳監修	一七一四円
3・11本当は何が起こったか：巨大津波と福島原発　―科学の最前線を教材にした暁星国際学園「ヨハネ研究の森コース」の教育実践	吉野孝・前嶋和弘 編著	二五〇〇円
オバマ後のアメリカ政治　―二〇一二年大統領選挙と分断された政治の行方	吉野孝・前嶋和弘 編著	二四〇〇円
オバマ政権と過渡期のアメリカ社会　―選挙、政党、制度メディア、対外援助	吉野孝・前嶋和弘 編著	二六〇〇円
オバマ政権はアメリカをどのように変えたのか　―支持連合・政策成果・中間選挙	吉野孝・前嶋和弘 編著	二〇〇〇円
2008年アメリカ大統領選挙　―オバマの勝利は何を意味するのか		
政治学入門	内田満	一八〇〇円
政治の品位―日本政治の新しい夜明けはいつ来るか	内田満	二〇〇〇円
「帝国」の国際政治学―冷戦後の国際システムとアメリカ	山本吉宣	四七〇〇円
国際開発協力の政治過程―国際規範の制度化とアメリカ対外援助政策の変容	小川裕子	四〇〇〇円
いま改めて読む、ドラッカー『現代の経営』	坂本和一	二四〇〇円
グローバル・ニッチトップ企業の経営戦略	難波正憲・福谷正信・鈴木勘一郎 編著	二四〇〇円
最高責任論―最高責任者の仕事の仕方	樋大内口尾一起寛年	一八〇〇円
福沢諭吉〔新版〕	高橋昌郎	二三〇〇円
現代に甦る大杉榮―自由の覚醒から生の拡充へ	飛矢﨑雅也	二八〇〇円
大杉榮の思想形成と「個人主義」	飛矢﨑雅也	二九〇〇円
〔現代臨床政治学シリーズ〕		
リーダーシップの政治学	石井貫太郎	一六〇〇円
アジアと日本の未来秩序	伊藤重行	一八〇〇円
象徴君主制憲法の20世紀的展開	下條芳明	二〇〇〇円
ネブラスカ州における一院制議会	藤本一美	一六〇〇円
ルソーの政治思想	根本俊雄	二〇〇〇円
海外直接投資の誘致政策　―インディアナ州の地域経済開発	邊牟木廣海	一八〇〇円
ティーパーティー運動―現代米国政治分析	藤本一美・末次俊之	二〇〇〇円

〒113-0023　東京都文京区向丘 1-20-6　TEL 03-3818-5521　FAX03-3818-5514 振替 00110-6-37828
Email tk203444@fsinet.or.jp　URL:http://www.toshindo-pub.com/

※定価：表示価格（本体）＋税